Rudolf Donnert

**Am Anfang war die Tafel ...**
Praktischer Leitfaden für Vortrag, Lehrgespräch,
Moderation, Seminar und Unterweisung

Rudolf Donnert

# Am Anfang war die Tafel …

## Praktischer Leitfaden für Vortrag, Lehrgespräch, Moderation, Seminar und Unterweisung

Lexika Verlag

CIP-Titelaufnahme
der Deutschen Bibliothek

**Donnert, Rudolf:**
Am Anfang war die Tafel ...: prakti-
scher Leitfaden für Moderation, Semi-
nar, Vortrag, Lehrgespräch und
Unterweisung / Rudolf Donnert. –
München: Lexika-Verl., 1990
ISBN 3–89293–103–8

© 1990 Lexika Verlag Barbara Rumpf,
München
Umschlag Kurt Schindler, München
Satz FoCoTex Klaus Nowak, Berg
Druck WB Druck, Rieden
Printed in Germany
ISBN 3-89293-103-8

# Vorbemerkung

Der rasche Wandel in den beruflichen Anforderungen hat zur Folge, daß früher erworbene Qualifikationen im modernen Berufsleben allein nicht mehr ausreichen, wenn man „up to date" sein will. Wissen und Können oder Fertigkeiten und Fähigkeiten müssen aufgefrischt oder korrigiert und Verhaltensweisen überprüft, bisweilen geändert werden, um die berufliche Leistung und das persönliche Wachstum zu verbreitern. Dabei gilt: Wer aufhört, treibt zurück!

In diesem ständigen Lernprozeß sind fachlich hoch qualifizierte Personen gezwungen, für sie überraschend neue Funktionen zu übernehmen, z.b. Fachvorträge zu halten, Mitarbeiter zu unterweisen oder auszubilden. Sind sie dafür aber auch richtig vorbereitet?

Der Leitfaden will ein Hilfsmittel für den angesprochenen Personenkreis sein. Er ist gedacht als Arbeitsmittel für alle, die neben ihrer Haupttätigkeit Vorträge halten, Arbeitsergebnisse oder Produkte demonstrieren bzw. präsentieren müssen, Weiterbildungsfunktionen übernehmen und vieles mehr. Der Autor möchte dabei praktische Tips und Empfehlungen aus seiner Praxis geben, den Einsatz der verschiedenen Medien näherbringen und – damit Zusammenhänge besser verstanden werden – auch etwas über das Lernen Erwachsener vermitteln.

Dieses Buch ist *nicht* für Profi-Trainer und -Lehrer gedacht, die in ihrem täglichen Einsatz Kenntnisse erworben haben, die weit über die dargelegten Grundlagen hinausgehen werden.

# Inhalt

**I. Der Vorgang des Lernens**

*1 Was ist Lernen* .............................................................. 11
1.1 Arten des Lernens ....................................................... 11
1.2 Lerntypen ................................................................ 12
1.3 Leistungskurven ......................................................... 13
1.4 Belastbarkeit ............................................................ 13

*2 Wie funktioniert Lernen?* ................................................. 14
2.1 Gedächtnisformen ........................................................ 14
2.2 Assoziationsbrücken ..................................................... 15
2.3 Lernerfolge in Abhängigkeit von der Methode .......................... 15

*3 Lernblockaden bei Erwachsenen* ........................................... 16
3.1 Furcht vor Unbekanntem .................................................. 16
3.1.1 Wie der Referent Furcht abbauen kann ................................ 16
3.2 Furcht vor Mißerfolg und Blamage ....................................... 17
3.2.1 Wie der Referent die Sicherheit der Teilnehmer fördern kann ..... 17
3.3 Leistungs- und Prüfungsangst ........................................... 19
3.3.1 Wie der Referent den Teilnehmern die Angst nehmen kann ....... 19

**II. Lehr- und Lerntechniken**

*1 Lerntechniken* ............................................................ 23
1.1 Lernziele und Unterweisung .............................................. 24
1.1.1 Lernsystem ............................................................ 25
1.1.2 Unterscheidung der Lernziele ........................................ 25
1.1.3 Formulierung von Lernzielen .......................................... 26

*2 Kommunikation* ............................................................ 28
2.1 Inhalts- und Beziehungsebene ........................................... 29
2.2 Vier Bausteine zum Thema „Wie mache ich mich verständlich?" . 30
2.3 Fragen (statt Sagen) .................................................... 31
2.3.1 Fragetechnik ......................................................... 32

2.3.2 Schlechte Fragen ............................................... 33
2.3.3 Gute Fragen ................................................... 33
2.3.4 Zehn Regeln für die Fragetechnik ........................... 34

*3*    *Dimensionen der Körpersprache* ............................ 34
3.1    Die Körpersprache lesen und interpretieren ............ 35

*4*    *Konfliktsituationen* ........................................ 36
4.1    Zehn mögliche Konfliktmacher ........................... 36
4.1.1 Zehn Typen von konflikterzeugenden Aussagen ...... 36
4.2    Schärfen Sie als Referent Ihren Blick für Warnsignale ........ 37
4.3    Voraussetzungen zur Konfliktlösung .................... 37
4.3.1 Du- oder Sie-Botschaften ............................... 38
4.3.2 Ich-Botschaften ........................................ 38
4.3.3 Drei Verhaltensregeln für Konfliktsituationen ........ 38
4.4    Können Sie zuhören? .................................... 39
4.4.1 Zehn Unarten beim Zuhören ........................... 39
4.4.2 Regeln zum Zuhören .................................... 39
4.4.3 Aktives Zuhören ........................................ 40
4.5    Unfaires Verhalten und Möglichkeiten der Abwehr ....... 41
4.6    Weitere Tricks .......................................... 44

**III.**   **Vorbereitung von Vortrag, Seminar, Unterweisung, Gruppensitzung**
1    Grundsätze zur Vorbereitung ............................ 47
2    Teilnehmerkreis ......................................... 47
3    Thema und Zielsetzung ................................. 48
4    Aufbau und Gliederung ................................. 48
5    Medieneinsatz ........................................... 49
6    Unterlagen für die Teilnehmer .......................... 49
7    Zeitliche und stoffliche Begrenzung .................... 50
8    Wozu ist Struktur gut? .................................. 51
8.1    Stufenplan für den Ablauf .............................. 53
8.1.1 Zeitablauf ............................................... 54
8.2    Erfolgskontrolle ........................................ 55
9    Handzettel .............................................. 55

## IV. Methodeneinsatz

*1    Das Referat* ........................................................... 61
1.1   Referatsmethode ............................................... 61
1.2   Regeln für die Ausarbeitung eines Referats ........... 62
1.1.1 Material sammeln .............................................. 62
1.2.2 Gliederung nach der „Baustein"-Methode ............. 62
1.2.3 Schreibtechnik .................................................. 63
1.3   Lesetechnik ...................................................... 63

*2    Das Lehrgespräch* ................................................. 66
2.1   Fragetechnik beim Lehrgespräch .......................... 67

*3    Gruppenarbeit* ...................................................... 67
3.1   Wann ist Gruppenarbeit angebracht? .................... 68
3.2   Organisation der Gruppenarbeit ........................... 69
3.3   Spielregeln für Gruppenarbeit .............................. 70

*4    Ideensammlung (Brainstorming)* ............................. 71
4.1   Beschreibung .................................................... 71
4.2   Materialien ....................................................... 71
4.3   Ablauf ............................................................. 72
4.4   Sitzordnung beim Brainstorming .......................... 73
4.5   Killerphrasen „killen" ........................................ 74

*5    Moderationstechnik* .............................................. 75
5.1   Vorteil der Moderationsmethode .......................... 75
5.2   Ablauf einer Moderation ..................................... 76
5.3   Der Moderator und seine Qualifikation .................. 76

*6    Fallstudie* ........................................................... 78
6.1   Fall „Störendes Verhalten" .................................. 78

*7    Rollenspiel* .......................................................... 80
7.1   Regeln für das Rollenspiel ................................... 80

*8    Unterweisung am Arbeitsplatz* ................................ 81
8.1   Lernziele .......................................................... 81
8.2   Unterrichtsplanung ............................................ 83

8.3   Erfolgskontrolle ........................................................ 84
8.4   Die Demonstration ..................................................... 85

**V.   Einsatz von Medien**

*1   Welche Medien gibt es?* ............................................. 87
1.1   Tafel ...................................................................... 88
1.2   Tageslicht-Projektor (Overhead-Projektor, Arbeitsprojektor)  .. 89
1.2.1 Merkpunkte für das Gestalten von Oberhead-Folien .............. 90
1.2.2 Erarbeitungstechnik ................................................. 91
1.2.3 Abklapptechnik (Aufdecktechnik) ................................... 92
1.2.4 Abdecktechnik ......................................................... 92
1.2.5 Folien können auch bewegte Bilder ersetzen ...................... 93
1.2.6 Es müssen nicht immer Folien sein .................................. 95
1.3   Flipchart ................................................................ 97
1.4   Pinwand und Hafttafel ............................................... 98
1.5   Kartenabfrage (Metaplan-Technik) .................................. 99

*2   Arbeitsunterlagen* ..................................................... 102

*3   Zusammenfassung der visuellen Hilfen* ............................. 104

**VI.  Darstellungstechniken**

1    Kurvendiagramm ....................................................... 109
2    Stabdiagramm .......................................................... 110
3    Balkendiagramm ....................................................... 111
4    Flächendiagramm ...................................................... 112
5    Kreisdiagramm ......................................................... 113
6    Kartogramm ............................................................ 114
7    Ordnungssysteme ...................................................... 115
8    Schaubild ............................................................... 116
9    Zusammenhänge darstellen ........................................... 117
10   Piktogramm ............................................................ 118
11   Weitere Darstellungsmöglichkeiten ................................. 119

**Literatur** ................................................................... 122
**Register** .................................................................... 123

# I. Der Vorgang des Lernens

Lernen im Erwachsenenalter ist mehr als nur Wissensaneignung, Entwicklung kognitiver Fähigkeiten oder Ausbildung psychomotorischer Fertigkeiten. Lernen in der beruflichen Fortbildung ist für Erwachsene eine Auseinandersetzung mit neuen Lerninhalten – oft sogar eine Auseinandersetzung mit der Person des Ausbilders, Seminar- oder Kursleiters.

Die Lernfähigkeit Erwachsener ist keine feste Größe, sondern eine Variable, die in erster Linie von der Persönlichkeit, deren Lerntraining und lebenslanger geistiger Mobilität und Flexibilität abhängt. Die Fähigkeit des Menschen zu lernen bleibt grundsätzlich erhalten, sie ist nur individuell ausgeprägt und wird im Lauf des Lebens umstrukturiert: So hängt z.b. die intellektuelle Leistungs*fähigkeit* von der Flexibilität der geistigen Tätigkeiten und die *Lernleistung* vom Training der dafür erforderlichen Potentiale oder der effizienten Teilnahme an Weiterbildungsveranstaltungen ab.
Defizite in der Lernleistung können durch spezifische Übungen wieder ausgeglichen werden.

## 1. Was ist Lernen?

### 1.1 Arten des Lernens

*Affektives Lernen* bedeutet Lernen durch Fühlen.

Ein Kind, das an einen heißen Ofen faßt, verbrennt sich die Hände, fühlt den Schmerz und erkennt, daß es nicht sinnvoll ist, den heißen Ofen zu berühren.

*Kognitives Lernen* bedeutet Lernen durch Verstehen.

Dem Fahrschüler werden die Verkehrsregeln erklärt. Er versteht, daß diese Ordnung sinnvoll ist und handelt entsprechend.

*Soziointegratives Lernen* bedeutet das Erlernen des Verhaltens in der Gruppe und das Lernen durch die Gruppe – auch Enkulturation genannt. Die Grenze zwischen Erziehung und Lernen ist fließend.

Ein Einzelner kann die Qualität eines komplexen Produkts oder die Qualität eines Verhaltens in einer Abteilung nicht oder nur partiell verbessern. In einer entsprechend zusammengesetzten Gruppe ist diese Aufgabe besser zu lösen.

*Psychomotorisches Lernen* ist Lernen durch Trainieren, durch permanente Wiederholung zur Festigung des Wissens bzw. zur Steigerung der körperlichen Leistungen.

Ein Sportler trainiert im Kraftraum. Durch ständiges Stemmen von Gewichten stärkt er die Muskeln und verbessert seine Schnellkraft.

## 1.2 Lerntypen

Nicht jeder Mensch lernt auf die gleiche Weise, daher unterscheidet man verschiedene „Lerntypen": der eine lernt durch Sehen, der andere durch Hören, der dritte lernt am einfachsten, indem er etwas ausführt. Die Sinnesorgane, mit denen wir beim Lernvorgang wahrnehmen, bezeichnet man auch als „Eingangskanäle". Je nachdem, über welchen Eingangskanal eine Person hauptsächlich beim Lernen aufnimmt, unterscheidet man verschiedene Typen:

Der (verbale) Diskussionstyp: er lernt im Gespräch, durch Formeln und Begriffe.

Der (visuelle) Sehtyp: er lernt durch Lesen, Experimentieren und Beobachten.

Der (auditive) Hörtyp: er lernt durch Zuhören, auch er lernt durch Formeln und Begriffe.

Der (haptische) Fühltyp: er muß anfassen, die Dinge spüren, sie selbst machen, um lernen zu können.

Das individuelle Lernproblem eines jeden Teilnehmers zu lösen, erscheint – bei der meist nur begrenzt zur Verfügung stehenden Zeit – fast unmöglich. Trotzdem soll ein effizienter Lernprozeß stattfinden. Daher empfiehlt es sich für den Referenten, stets mehrere Sinnesorgane bei den Gruppenmitgliedern während seines Vortrags/Gesprächs anzusprechen, um zu gewährleisten, daß die Teilnehmer mehrkanalig aufnehmen können.

## 1.3 Leistungskurven

Alle Menschen unterliegen einer ähnlichen Leistungskurve, die ihre Höhepunkte etwa zwischen 9.00 bis 12.00 und 15.00 bis 18.00 Uhr hat. Sie paßt sich in einem gewissen Rahmen den einzelnen Gewohnheiten an, so daß die Leistungshöhepunkte sich nach vorn und hinten verschieben. Die menschliche innere Uhr pendelt sich in einem Rhythmus von etwa 32 Stunden ein, trotzdem sollte man die Zeit der höchsten Leistungsbereitschaft zum Lernen nutzen. Menschen, die „Nächte lang" durchlernen, haben ihre Zeit vergeudet.

*Leistungsbereitschaft und Tageszeit* (Durchschnittswerte, nach O. Graf)

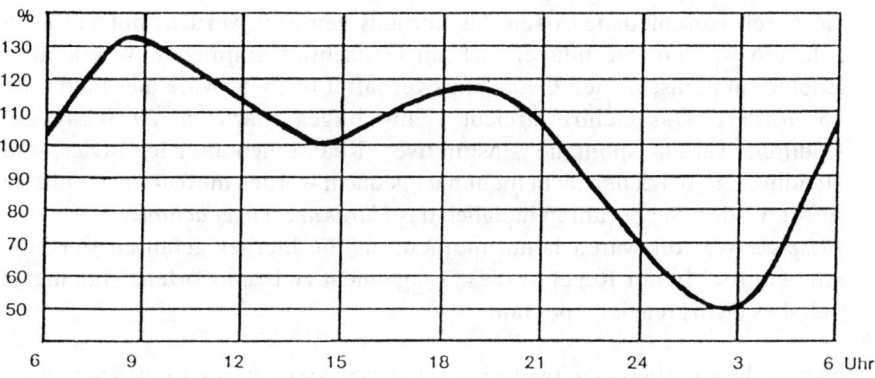

## 1.4 Belastbarkeit

Selbst während der Zeit höchster Leistungsbereitschaft ist der Mensch nicht durchgehend voll belastbar. Er benötigt *Pausen,* Erholungsphasen. Das Gehirn kann nicht ständig speichern.

Folgen zwei Lernschritte zu schnell aufeinander, so stört entweder der folgende Lernschritt den ersten – man nennt dies „retroaktive" (rückwirkende) Gedächtnishemmung – oder der erste Lernprozeß muß noch verarbeitet werden und stört damit die Aufnahme des nächsten – man nennt das „präaktive" (vorauswirkende) Gedächtnishemmung.

Es ist daher wesentlich, zwischen den Lernschritten Pausen zu machen.

### Zusammenfassung

Es gibt verschiedene Arten des Lernens. Welche Art gewählt wird, richtet sich nach der Umwelt, dem Lernstoff und der Struktur des Lernenden. Wichtig ist, die für den jeweiligen Lerntyp richtige Lernform zu finden, zur richtigen Zeit zu lernen, die Lernschritte in der richtigen Größe auszuwählen und dazwischen Entspannungsphasen einzulegen.

## 2. Wie funktioniert Lernen?

### 2.1 Gedächtnisformen

Lernen wird von der Lernpsychologie als Veränderung von Verhaltensweisen und Einstellungen aufgrund von Erfahrungen definiert. Diese Erfahrungen, die durch verschiedene Arten des Lernens gemacht werden, müssen auch behalten werden. Sie müssen sich im Gedächtnis einprägen. Würde alles Erlebte im menschlichen Gedächtnis verhaftet bleiben, wäre dies bald total überfordert. Das Gehirn streicht „Unwichtiges" nach ca. 20 Sekunden. Dadurch werden spontane „instinktive" Reaktionen möglich. Dies sind Handlungen, bei denen nicht mehr nachgedacht werden muß. Man vergißt sie sofort wieder. Sie berühren lediglich das *Ultrakurzzeitgedächtnis*.
*Beispiel:* Wie oft waren heute morgen, als Sie hierher gefahren sind, die Ampeln rot? In der Regel ist diese Frage nicht zu beantworten. Man merkt sich dies nicht, reagiert spontan.

Neben dem Ultrakurzzeitgedächtnis hat der Mensch noch ein *Kurzzeitgedächtnis*. Kann man eine Wahrnehmung mit etwas Bekanntem oder einer Tätigkeit verbinden, so kann man sich diese Wahrnehmung etwa 20 Minuten lang merken. Dann verblaßt auch sie.

Wirklich merken kann sich der Mensch nur Dinge, die er in sein *Langzeitgedächtnis* übertragen hat.

Ob eine Information aus dem Kurzzeitgedächtnis in das Langzeitgedächtnis übernommen wird, hängt von der Motivation und zum anderen von der Aufmerksamkeit ab.

*Beispiel*: Ein Straßenbahnfahrer ist nicht motiviert, sich alle roten Ampeln zu merken. Seine Aufmerksamkeit wird durch das aktuelle Verkehrsgeschehen voll beansprucht. Er wird sie nicht für das Einprägen von Ampelstellungen vergeuden. Spricht ihn jedoch ein Fahrgast während eines Ampelstops an und es kommt zu einem Gespräch, kann er sich bis zur Endstation daran erinnern. Am nächsten Tag mit Sicherheit nicht mehr.

## 2.2 Assoziationsbrücken

Vereinfacht und sicherer wird der Vorgang der Informationsübernahme vom Kurzzeit- in das Langzeitgedächtnis, wenn an bereits bekanntes Wissen angeknüpft werden kann. Man spricht dann von assoziieren. Assoziationsbrücken sind also „Verbindungsbrücken" von Neuem zu Bekanntem oder auch Vereinfachungen, schlicht Eselsbrücken.

*Beispiel*: 333 bei Issus große Keilerei. – Mit diesem Satz kann sich jeder Schüler an die Schlacht zwischen Alexander dem Großen und den Persern erinnern.
Siehst du des Polizisten Bauch oder Rücken, mußt du auf die Bremse drücken.

**Zusammenfassung:**
Nicht mit Nachdenken verbundene Wahrnehmungen führen entweder zu spontanen Reaktionen oder versinken wieder in Vergessenheit. Um sich Informationen einzuprägen, benötigt man Aufmerksamkeit, Motivation und möglichst eine Verbindung mit Bekanntem.

## 2.3 Lernerfolge in Abhängigkeit von der Methode

Lernende behalten durchschnittlich etwa
  20% von dem, was sie nur gehört haben,
  30% von dem, was sie nur gesehen haben,
  50% von dem, was sie gehört und gesehen haben,
  70% von dem, was sie selbst gesagt haben,
  90% von dem, was sie mitdenkend erarbeitet und selbst ausgeführt haben
(aktives Lernen).

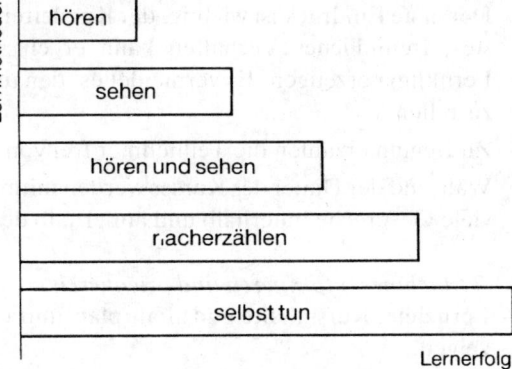

# 3. Lernblockaden bei Erwachsenen

Die oft geringe aktive Beteiligung von Seminarteilnehmern bei beruflichen Weiterbildungsveranstaltungen läßt darauf schließen, daß Lernen auch heute noch mit Angst verbunden ist. Angst aber blockiert Lernenergien, verhindert Lernmotivation und führt zu Desinteresse. Das Lernen Erwachsener sollte deshalb in einer angstfreien, vertrauensvollen Atmosphäre stattfinden.
Die Angstgefühle Erwachsener haben mehrere Gründe. Der Erwachsene hat Furcht

- vor der ungewohnten, unbekannten Lernsituation:
  „Was kommt da auf mich zu? Was wird von mir verlangt werden? Wie wird der Kurs ablaufen? Werde ich mich zurechtfinden?"
- vor den unbekannten fremden Kursleitern und Kollegen:
  „Wie werde ich vom Lehrenden und von den Kollegen aufgenommen? Ob wir gut miteinander auskommen werden? Wie werden sich die anderen mir gegenüber verhalten?"
- vor dem neuen, unbekannten Lernstoff:
  „Das kann ich ja doch nicht! Ich bleibe lieber bei dem, was ich weiß und kann! Was soll ich auf dem Kurs!"

## 3.1 Furcht vor Unbekanntem

### 3.1.1 Wie der Referent Furcht abbauen kann

*a) Teilnehmer miteinander bekannt machen*
- Der erste Eindruck ist wichtig: der Kursleiter stellt sich vor. Durch ein gelöstes, freundliches Verhalten kann er ein gelockertes, vertrauensvolles Lernklima erzeugen. Er vermeidet es, den unfehlbaren Fachmann herauszustellen.
- Zu Beginn erzählen die Teilnehmer frei von sich und ihrer Tätigkeit.
- Während der Dauer des Kurses werden mitmenschliche Kontakte gepflegt: viele Gespräche innerhalb und außerhalb der Kurszeiten.

*b) Teilnehmer informieren und orientieren*
- Lernziele, Kursinhalte und „Fahrplan" mit Übersichten oder Plakaten aufzeigen:

- „Was wollen wir tun? Warum wollen wir das tun? Wie ist der Ablauf oder „Fahrplan" des Kurses?";
- Lernfortgang ständig mit „rotem Faden" oder „Fahrplan" vergleichen: „Wo stehen wir? Was haben wir bereits getan? Was kommt jetzt?";
- Erreichbarkeit der Kursziele betonen und durch Beispiele verdeutlichen: „Wo ist es leicht? Wo wird es schwieriger? Wie wollen wir das überwinden? Wie hilft der Kursleiter?";
- die Vorgehensweisen aufzeigen: „Wie wollen wir vorgehen? Was hat der Kursleiter geplant? In welcher Weise ist der Kursteilnehmer beteiligt?;
- die Minuten vor Kursbeginn mit „Pausenmusik" ausfüllen. Sie schafft eine vertraute, gelöste Atmosphäre und hilft, die beklemmende, erwartungsvolle Stille am Anfang zu überwinden.

## 3.2 Furcht vor Mißerfolg und Blamage

Erwachsenen Kursteilnehmern fehlt oft das Selbstvertrauen. Weil sie befürchten, die geforderten Leistungen nicht erbringen zu können, entsteht in ihnen die Furcht vor dem Mißerfolg. Die fixe Idee, andere verstünden den Lehrstoff schneller und besser, erzeugt Unsicherheit, führt zur Entmutigung und lähmt das Selbstwertgefühl. Folgen sind:

- Der Kursteilnehmer verhält sich passiv. Er wagt nicht nachzufragen, um Unklarheiten zu beseitigen oder seine Probleme darzulegen. Er fürchtet, daß er sich sprachlich nicht angemessen ausdrücken kann.
- Er scheut das Risiko und meldet sich nur dann, wenn er sich seiner richtigen Leistung sicher ist. Er wählt leichte Aufgaben und wagt sich aus Furcht vor Mißerfolg nur widerwillig an schwierigere Aufgaben.
- Er sperrt sich gegen Veränderungen und Neuerungen, weil er eine gewohnte Leistungsform, die er sicher beherrscht, aufgeben muß und nicht weiß, ob er die neu zu lernende Leistungsform in der gleichen Weise beherrschen wird.

### 3.2.1 Wie der Referent die Sicherheit der Teilnehmer fördern kann

Der Kursleiter muß das Selbstwertgefühl als Gegenpol des Minderwertigkeitsgefühls geschickt aufbauen und stärken. Dazu ist es nützlich, die Ursachen der Furcht vor Mißerfolg oder Blamage zu erforschen:

– Was ist gegeben? Was kann der Teilnehmer? Wo liegen seine Stärken?

– Was will der Teilnehmer erreichen?

Aber auch vorbeugende Handlungen vermögen dem Kursteilnehmer zu helfen.

### a) Resignation nicht verstärken!

– Teilnehmer nicht bloßstellen, etwa indem eine Frage gestellt wird und man darauf besteht, daß sie beantwortet wird obwohl Unvermögen erkennbar ist. Es ist besser, zur freiwilligen Aktivität zu ermuntern. Teilnehmer müssen den Eindruck gewinnen, daß sie unbeschadet etwas sagen, aber auch schweigen können.

– Erwachsene versagen oft, wenn sie spüren, daß ihre Leistungsfähigkeit abgefragt wird. Damit sie Hemmungen verlieren, ist es besser, wenn sie zunächst Sachverhalte vertreten müssen, die nicht unmittelbares Ergebnis ihrer eigenen Lernleistungen sind, z.B. von einer Gruppenarbeit berichten; einen Erfahrungsbericht geben; aus der eigenen Praxis berichten; eine Meinung begründen; eine Zusammenfassung geben; eine Rolle im Rollenspiel übernehmen u.a.m.

– Das Niveau und den sprachlichen Ausdruck an die Aufnahmefähigkeit und Fachbeschlagenheit lernender Teilnehmer anpassen. Versuchen Sie nicht, den Allwissenden zu spielen. Sie werden damit die Resignation eher verstärken als Selbstwertgefühl aufbauen.

### b) Selbstwertgefühl aufbauen!

– Der Teilnehmer gewinnt an Selbstvertrauen, wenn man ihm gezielt Lernerfolge verschafft und diese Erfolge bewußt macht. Jeder Beitrag sollte positiv quittiert und anerkannt werden, gleich ob er richtig oder falsch, angebracht oder abwegig ist. Kein Beitrag darf zurückgewiesen werden. Falsche oder abwegige Beiträge sollten so korrigiert werden, daß das Fehlerhafte rational erkannt, aber nicht emotional als Mißerfolg erlebt wird.

– Hat der Kursteilnehmer Schwierigkeiten mit dem Lernstoff, dann werden diese am ehesten durch eine Herabsetzung des Schwierigkeitsgrades vermindert. Das ist möglich, indem Abstraktes veranschaulicht wird und schwer erkennbare Zusammenhänge mit Hilfe von Strukturen, Schemata, Zeichnungen erklärt werden. Tip: Oft Beispiele verwenden, immer wieder den Praxisbezug herstellen und Überlagerungen vermeiden! Ein Teilnehmer mit Schwierigkeiten wird besonders motiviert, wenn er seine außerhalb des Unterrichtsgebietes liegenden Begabungen und Fähigkeiten in das Unterrichtsgeschehen einbringen darf.

– Die persönliche Wertschätzung wird als stärkstes menschliches Bedürfnis angesehen. Die Unfähigkeit, soziale Anerkennung zu erringen, ist Ursache vieler seelischer Störungen. Deshalb ist es ratsam, dem Teilnehmer soziale Anerkennung zu verschaffen, indem er Zustimmung und Akzeptierung von seinen Kollegen in Gesprächen, Diskussionen, Gruppenarbeiten, Partnerübungen, Problemlösungen u.a.m. erfährt.

– Teilnehmer werden zur Aussage ermutigt, wenn man Kritik durch provokatorische Äußerungen bewußt hervorlockt. Dies lockert die Arbeitsatmosphäre und hilft dem Teilnehmer, eigene Gedanken zu äußern, statt an der Autorität des Referenten fixiert zu bleiben.

### 3.3 Leistungs- und Prüfungsangst

Erwachsene stehen oft unter dem Druck, eine gute Leistung erbringen zu müssen. Einmal hängen berufliche Zukunft und soziales Ansehen davon ab, zum anderen erwarten dies Vorgesetzte, Kollegen, Bekannte und nicht zuletzt die eigenen Familienangehörigen. Wer könnte es sich leisten, sie zu enttäuschen?

Dieser Druck erzeugt Angst, man könnte versagen und die geforderte Leistung nicht erfüllen. Es entsteht Leistungsangst. Sie wird besonders durch Hinweise auf mögliche Folgen eines Mißerfolgs oder auf eine Leistungsforderung in Form von Prüfungen verstärkt.

Angst führt zum Zusammenbruch der kognitiven Handlungen und beeinträchtigt organisiertes Denken: Wichtiges und Unwichtiges werden nicht mehr deutlich unterschieden; das Differenzierungsvermögen wird gestört; Wahrnehmungsleistungen verschlechtern sich; das Verhalten wird starrer; die Genauigkeit der Handlungen läßt nach; Aufmerksamkeit und Konzentration werden gemindert.

Angst ist wegen des Verfalls überlegten Handelns für den Lernprozeß denkbar ungeeignet. Traditionelle Leistungskontrollen, die Leistungsangst begünstigen, bringen nicht die erwünschte Aussage über den tatsächlichen Leistungsstand und die wirkliche Leistungsfähigkeit des Geprüften.

### *3.3.1 Wie der Referent den Teilnehmern die Angst nehmen kann*

Nicht alle Teilnehmer geraten in ähnlicher Weise in eine Streßsituation oder erreichen die gleiche Erregungshöhe. Soll Streß verhindert werden, sind neben pädagogischen Handlungsweisen auch Veränderungen gesellschaftlicher Einstellungen notwendig, um vor allem existentielle Angst und Furcht vor Verlust der sozialen Geltung zu vermeiden.

*a) Verminderung des sozialen Drucks durch*

– *Bestätigung, Bekräftigung, Anerkennung.* Wünschenswerte Verhaltensweisen oder Leistungen sofort und wiederholt bekräftigen, weil Lernfortschritte vom Zeitintervall zwischen Handlung und Erfolgserfahrung abhängen; Kritik sachlich führen und nicht die Persönlichkeit des Kursteilnehmers herabsetzen; fehlende Erfolgserlebnisse verursachen Unsicherheit im Lernverhalten, die sich in Streßsituationen nachteilig auswirkt.

– *Engagement des Referenten für die Teilnehmer.* Der Referent sollte nicht nur die formalen, vorgeschriebenen Funktionen erfüllen, sondern sich um den Teilnehmer bemühen, dessen Schwierigkeiten feststellen und reduzieren, bereitwillig auf seine Fragen und Probleme eingehen, Verständnis zeigen, ihn zur aktiven Teilnahme ermuntern, zusätzliche Hilfen anbieten, keine unnötigen Konkurrenzsituationen erzeugen, Vertrauen erwecken.


*b) Abbau der Prüfungsangst*

– *Kursteilnehmer auf Prüfungen vorbereiten:* Öfter wiederholte Übungstests machen mit der Prüfungssituation vertraut und nehmen die Angst vor dem Unbekannten. Sie machen vertraut mit

Art, Methode, Ablauf der Prüfung;

Schwierigkeit, Bereich, Art der Aufgabenstellung;

Kriterien der Leistungsforderung und Beurteilung.

Angekündigte Prüfungstermine unbedingt einhalten.

Richtig vorbereiten heißt: Lerninhalte nicht nur lesen lassen, sondern nacherzählen, diskutieren, referieren lassen.

– *Traditionelle Leistungskontrollen vermeiden.* **Nicht:** Schwierigkeiten zum Zwecke der Auslese manipulieren; Leistungsdruck erzeugen; Leistungsnorm am Durchschnitt orientieren; isolierte, aus dem Zusammenhang gelöste Einzelfakten abfragen; von Komplex zu Komplex springen; neben Lerninhalten unangekündigt andere Fähigkeiten prüfen (Wortflüssigkeit, Sprachverständnis, Vorstellungsvermögen). **Sondern:** Zeit sinnvoll begrenzen; Hilfsmittel aus der Praxis zulassen; sinnvoll gelernte Lerninhalte in sinnvollen Zusammenhängen abfragen; statt Behalten von Inhalten ihre realistische Anwendung durch Lösen praxisnaher Aufgaben prüfen; die aktive, freie Wiederholung oder freies Sprechen über geforderte

Stoffgebiete, d.h. die selbständige Darlegung bevorzugen, weil aktives Wissen leichter reproduzierbar ist als passives Wissen.

*c) Überforderungen vermeiden*

Das bedeutet:

– Stoffülle vermeiden, die Menge des zu lernenden Materials „verdaulich portionieren" und kleine Lerneinheiten anbieten;

– die Lerneinheiten nicht zu rasch aufeinanderfolgen lassen, damit die zur Verarbeitung und Festigung der Lerninhalte im Gedächtnis erforderliche Zeit gewährt wird;

– trotz Zeitdrucks nicht auf ausreichende Übungen verzichten, damit der Lernstoff vertieft wird und die Umsetzung der Theorie in die Praxis vollzogen werden kann;

– das Niveau der Darbietung in Sprache und Veranschaulichung dem Fachverständnis der Teilnehmer angleichen;

– das Lerntempo erst mit steigender Lernfähigkeit schrittweise erhöhen;

– den Lernstoff in einer logischen Reihenfolge anbieten und die Lerneinheiten klein und nachvollziehbar wählen;

– klare Strukturen vorgeben.

# II. Lehr- und Lerntechniken

## 1. Lerntechniken

Lernen bedeutet im Grunde immer Selbstlernen. Arbeit und Verantwortung kann man delegieren – lernen nicht. So gesehen heißt Lehren nichts anderes als: Voraussetzungen schaffen für das Selbstlernen. Dies trifft nicht nur zu für den einsamen Lerner in seinem Studierstübchen oder an einem mit modernster Unterrichtstechnik ausgestatteten Selbstlernplatz, das gilt genau so für das Lernen bei Arbeitsseminaren und -Unterweisungen.

Wer erinnert sich nicht an

– ein interessantes Thema, das von einem anerkannt guten und beliebten Trainer dargeboten wurde und von dem man trotzdem nichts mitbekommen hat;

oder

– einen Trainer, der einem eigentlich „nichts beigebracht" hat, dessen monoton vorgetragener, trockener Stoff aber Denkanstöße gab. Man hat dann tatsächlich über das Problem nachgedacht, während das Seminar weiterlief, und später daraus Konsequenzen gezogen.

Die Pädagogik hat sich in der Vergangenheit bis in unsere Tage vornehmlich mit der Kunst und *Technik des Lehrens* beschäftigt. Sie hat dabei die Suche nach dem alle Lehrprobleme lösenden „Nürnberger Trichter" in das Reich der Illusion verwiesen. Dem Trainer vermittelte sie Erkenntnisse über neue effektive Lehr- und Lernmethoden und förderte so den Einzug neuer Medien in den Unterricht. Das geschah natürlich in der Absicht, das Lernen zu erleichtern. Es fehlten jedoch weitgehend Überlegungen, wie man den *Lerner* selbst dazu bringen könnte, Gelerntes und Gelesenes leichter, schneller und dauerhafter aufzunehmen und anzuwenden.

Aber gerade auf diese *Fähigkeit des Lernens* kommt es in unserer heutigen Zeit in immer stärkerem Maße an. Bekanntlich wächst der Wissensstoff, die Fächervielfalt wird größer und die Fülle des Lehrstoffs in den einzelnen Fächern wird immer üppiger; dazu veraltet das Wissen zunehmend schneller. So wachsen auch die Kosten für eine betriebliche Weiterbildung beträchtlich. Ein möglicher Kostendämpfungsfaktor könnte das Selbstlernen sein.

Ein anderes Problem ist die Weitergabe von Spezialwissen. Dafür gibt es wenige spezialisierte Trainer, die sich ebenfalls mit Lehr- und Lerntechniken auseinandersetzen müssen.

## 1.1 Lernziele und Unterweisung

Jeder Lernvorgang im Rahmen einer Unterweisung bewirkt Verhaltensänderungen. Durch Lernziele kann das erwünschte Verhalten im voraus exakt und eindeutig beschrieben werden.

Da Lernziele nach Lernbereichen geordnet oder nach der Qualität der zu vermittelnden Fähigkeiten gewichtet werden können, besteht die Möglichkeit, sie mit dem Begabungsniveau der Auszubildenden zu vergleichen. Auf diese Weise kann die Unterweisung adressatengerecht gestaltet werden. Der Trainer hat außerdem die Möglichkeit, geeignete Ausbildungsmethoden auszuwählen sowie die Ausbildungsmittel darauf abzustimmen und Übungsaufgaben zu erarbeiten, die eine gezielte Kontrolle des Lernerfolgs garantieren.

Zufälligkeiten bei der Ausbildung werden weitgehend ausgeschaltet, wenn für jede Unterweisung Lernziele formuliert werden. Sie führen dazu, daß sich alle weiteren Entscheidungen über Inhalt, Ablauf und Kontrolle einer Unterweisung darauf beziehen. Lernziele sind somit eine wesentliche Voraussetzung, um Ausbildungsmaßnahmen im Rahmen eines Lernsystems durchführen zu können:

## 1.1.1 Lernsystem

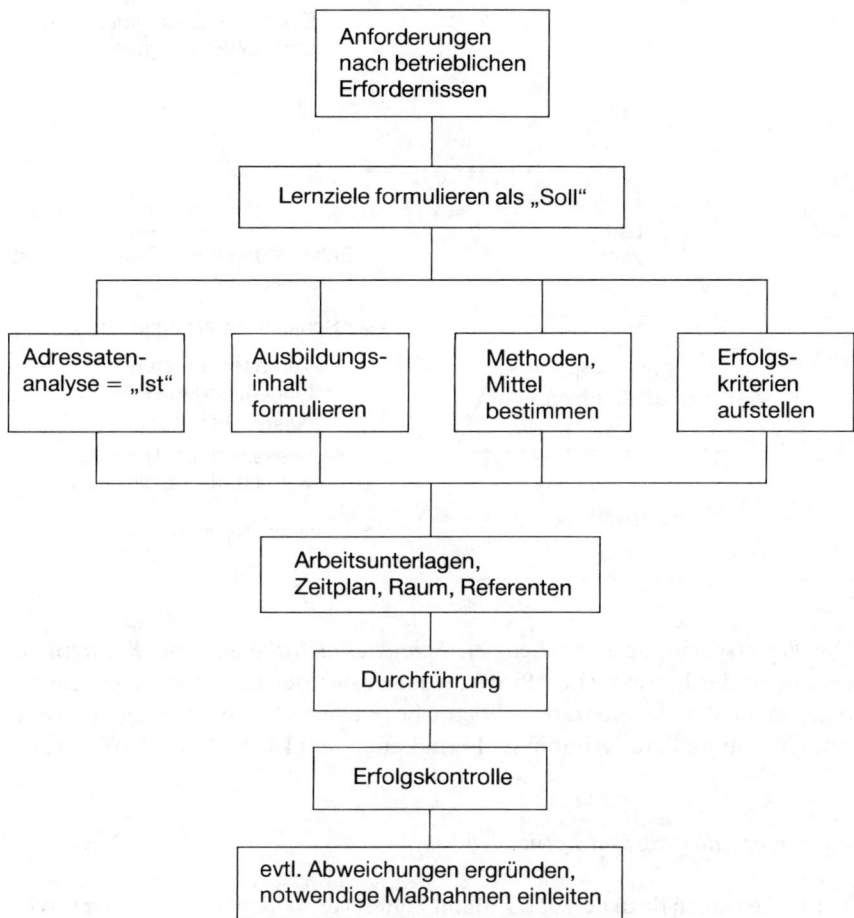

## 1.1.2 Unterscheidung der Lernziele

Es empfiehlt sich, in der Formulierung der Lernziele eine bestimmte Reihenfolge einzuhalten, die etwa mit dem Grundsatz „vom Allgemeinen zum Konkreten" verglichen werden kann:

*Lernzielebenen*

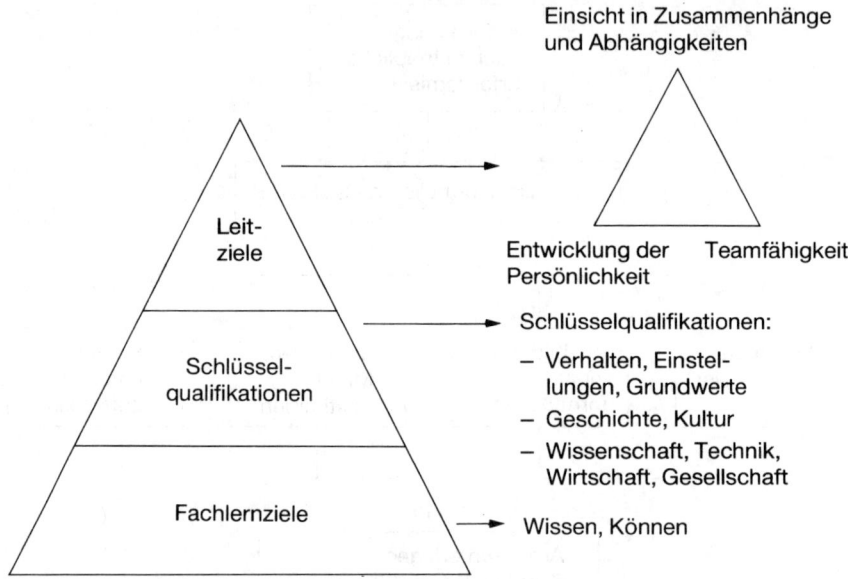

Die Unterscheidung nach *Leitziel*, *Schlüsselqualifikation* und *Fachlernziel* entspricht der betrieblichen Praxis, wonach sich der Lehrstoff einer Ausbildungsmaßnahme in mehrere Teilbereiche gliedert, die für sich wieder im einzelnen bestimmbare Kenntnisse, Fertigkeiten und Einstellungen erfordern.

### 1.1.3 Formulierung von Lernzielen

Lernziele tragen dazu bei, daß Zufälligkeiten vermieden werden; sie motivieren die Teilnehmer, weil sie von Anfang an wissen, was sie können müssen. Um das angestrebte Endverhalten eindeutig zu beschreiben, genügt es nicht festzulegen, der Teilnehmer soll „Wissen" wiedergeben können. Lernziele müssen vielmehr eine Unterscheidung entsprechend der Qualität erlauben, nach der Kenntnisse und Fertigkeiten zu erwerben sind.

Die Gliederung der Lernziele folgt dem Ordnungssystem von R. Dubs, das im kognitiven Lernbereich eine Gewichtung des zu bestimmenden Endverhaltens in 6 Stufen vorsieht, die so aufeinander aufbauen:

– *Wissen*
z.B. Kenntnisse erwerben und nachweisen;

– *Anwendung*
z.B. Wissen herbeiziehen, Unbekanntes nach Bekanntem bearbeiten, Gesetze anwenden können;

– *Interpretation*
z.B. Wissen neu ordnen und auf Lösungen ausrichten, Inhalte zusammenfassen, zuordnen;

– *Analyse*
z.B. Stoffgebiete in Elemente gliedern, Grundsätze herausfinden;

– *Synthese*
z.B. Elemente zusammenfügen, neue Strukturen durch eigenes Denken aufbauen;

– *Bewertung*
z.B. Vorgänge, Lösungen kritisch messen und beurteilen.

Es folgen Beispiele für Lernzielformulierungen, die diesem Ordnungssystem entsprechen. Sie stellen zugleich eine repräsentative Auswahl möglicher Lernziele dar.

*Beispiele für Lernzielformulierungen*

Der Teilnehmer soll unter Angabe

– der Zeit
– der Quantität
– der Qualität
– der Hilfsmittel
  o.ä.

*Leitziele*

| | |
|---|---|
| Teamfähigkeit | entwickeln |
| Selbständigkeit | fördern |
| Mitarbeiter | verstehen |
| Stereotypen | abbauen |
| Konflikte | bewältigen |
| Zusammenhänge | erkennen |
| Alternativen | aufzeigen |

*Schlüsselqualifikationen*

| | |
|---|---|
| Sachlichkeit | erreichen |
| Ausgangslage | analysieren |
| Fragen | formulieren |
| Abgrenzungen | vornehmen |
| Unternehmensziele | kennen |
| Unternehmensformen | unterscheiden |
| volkswirtschaftliche Bedeutung | beurteilen |

*Fachlernziele*

| | |
|---|---|
| Arbeitsabläufe | beschreiben |
| Zeichnungen | lesen |
| Unterlagen | auswerten |
| Kontrollen | durchführen |
| Daten | entnehmen |
| Formular | ausfüllen |
| Termine | überwachen |

## 2. Kommunikation

Ein Gespräch ist der Austausch von Botschaften. Auch wenn zwei (Gesprächs-)Partner schweigen, senden sie Botschaften aus! Auch wenn sie schweigen, „sprechen" sie – mit ihrem Körper. Das heißt, man spricht immer! Man kann also nicht nicht-kommunizieren.

## 2.1 Inhalts- und Beziehungsebene

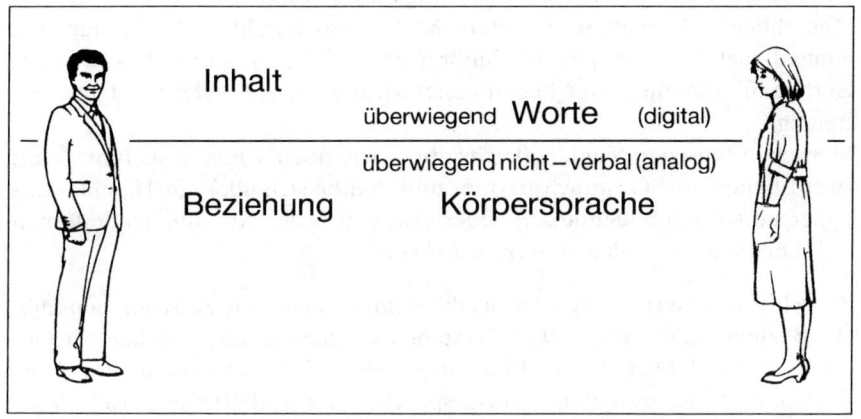

Inhalt

überwiegend **Worte** (digital)

überwiegend nicht – verbal (analog)

Beziehung **Körpersprache**

Signale der *Inhaltsebene* liefern Informationen

Signale der *Beziehungsebene* liefern Informationen über Informationen.

*Beispiel:* „Das ist ja ein tolles Wetter!" – Damit ist nicht gesagt, ob das Wetter schön oder schlecht ist. Wie das Wetter nun wirklich ist, erfährt man erst, wenn man die Beziehungsebene kennt (ob die Stimme ironisch, ärgerlich, frohlockend ist …)

Trainer und Ausbilder haben in vielfältigen Situationen Überzeugungsarbeit zu leisten. Dabei ist in besonderer Weise rhetorisches Geschick gefordert. Im wesentlichen geht es immer darum, andere Menschen durch eine sachlich fundierte, psychologisch gesteuerte und sozio-emotionale Wirkung zu überzeugen.

Immer, wenn Menschen miteinander sprechen, lassen sich zwei fundamentale Dimensionen unterscheiden: eine *Sach-* und eine *Beziehungsebene.* Der rational logische Teil ist der Sachebene zuzuordnen; bestimmende Faktoren sind hier Intellekt, Fachwissen, Analysefähigkeit und Gedächtniskraft.

Zur Beziehungsebene gehört alles, was gruppendynamisch und gefühlsmäßig zwischen den Beteiligten „läuft". Sichtbarer Ausdruck ist das Gesprächsklima (Sympathie- oder Antipathiefeld), der Umgang miteinander (fair/ unfair), die Bereitschaft zuzuhören, auf den anderen einzugehen und die Körpersprache (freundlich-offen oder ablehnend-verschlossen). Vom Verhalten auf der Beziehungsebene hängt es ab, wie Sie als Trainer/Ausbilder wahrgenommen werden und ob es Ihnen gelingt, möglichst vielen Gruppenmitgliedern Vertrauen und Glaubwürdigkeit zu vermitteln.

Menschliches Verhalten hat stets Mitteilungscharakter. Nicht nur was jemand sagt, ist wichtig. Aufschlußreicher ist oft, *wie* jemand etwas sagt. Gerade mit diesem „Wie" beeinflussen wir uns (gewollt oder nicht gewollt) ständig.

Menschen tauschen Signale gleichzeitig – wie oben schon ausgeführt – auf zwei Ebenen aus: Gesprächspartner unterhalten sich über ein Thema; Ausbilder und Auszubildende z.B. über etwas, was der Auszubildende lernen soll. Dies wäre die *Inhalts- oder Sachebene.*

Zwischen den Gesprächspartnern gibt es immer auch eine zwischenmenschliche Beziehung, die ausdrückt: „So stehen wir zueinander, so gehen wir miteinander um." Dies ist die *Beziehungsebene.* Diese zwischenmenschliche Beziehung schwingt ständig unausgesprochen (nonverbal) mit, etwa im Tonfall, in der Mimik, in der Gestik, einfach darin, wie man miteinander umgeht. Sie drückt z.B. Wertschätzung oder Geringschätzung, Bevormundung oder Partnerschaftlichkeit aus.

So werden Argumente oft nur deswegen von jemandem abgelehnt, weil man ihn/sie als Gesprächspartner nicht akzeptiert. Waghalsige Meinungen werden vertreten, vielleicht sogar gegen die eigene Überzeugung, nur um sich von einem Gesprächspartner abzugrenzen. So mancher Streit um die Sache ist in Wirklichkeit gar kein Sachstreit, sondern eine versteckt ausgetragene Störung der zwischenmenschlichen Beziehung. Damit aber kein Mißverständnis aufkommt: noch lange nicht jede Sachauseinandersetzung ist immer auch ein verstecktes Beziehungsproblem. Es gibt trotz ungetrübter Beziehung Meinungsverschiedenheiten, die ausschließlich sachlich bestimmt sind.

### 2.2 Vier Bausteine zum Thema „Wie mache ich mich verständlich?"

*Einfachheit*
Dieser erste „Verständlichmacher" ist in der Regel am wichtigsten: wählen Sie einfache Formulierungen! Eine Mitteilung kann einfach oder kompliziert formuliert sein, obwohl sie im wesentlichen den gleichen Sachverhalt ausdrückt.

Einfach heißt:
– kurz, anschaulich, bildhaft
– mit bekannten Wörtern
– anschaulich, bildhaft.

*Ordnung/Gliederung*
Hier wird der Aufbau einer Mitteilung angesprochen, d.h. ihre innere Folge-
richtigkeit (Ordnung) und, bei gedruckten Texten, ihre äußere Übersichtlichkeit (Gliederung). Je länger eine Mitteilung, desto wichtiger ist dieser zweite
„Verständlichmacher".
Geordnet/gegliedert heißt:
- übersichtlich
- wichtige Teile hervorgehoben
- folgerichtig
- zusammenhängend.

*Kürze/Prägnanz*
„Fasse dich kurz!" ist eine gute Regel, aber ein „Telegrammstil" ist übertrieben. Wenn Sie weitschweifig reden, verliert der Teilnehmer/die Teilnehme-
rin schnell den „roten Faden" und die Aufmerksamkeit sinkt ab.

*Anregungen/Stimulanz*
Unter diesem vierten „Verständlichmacher" ist alles zusammengefaßt, womit
Sie ihre Gesprächspartner dazu anregen können, sich persönlich beteiligt zu
fühlen:
- auf die Teilnehmer eingehen
- eine gemeinsame Basis schaffen
- schonend kritisieren und Interesse wecken.

Dies sind Prinzipien, die man auch als das „Salz in der Informationssuppe"
bezeichnen könnte. Ein bißchen „würzen" ist sicher gut, aber achten Sie darauf, daß es nicht zu viel wird, vor allem wenn Sie diese Prinzipien gezielt einsetzen wollen. Es ist eine Gratwanderung, denn Sie könnten leicht ins „Manipulieren" abrutschen!

## 2.3 Fragen (statt Sagen)

Fragen sollen Denkanstöße vermitteln und zum Mitmachen anregen. Fragen
können das Problembewußtsein erhöhen und das Erfinden von Argumenten
und Lösungsideen erleichtern.

Durch Fragen können wir:
- auf das Vorwissen, auf Bedürfnisse und Widersprüche der Teilnehmer eingehen und diese sichtbar machen;

- erkennen, inwieweit Einzelmeinungen auch Gruppenmeinung sind;
- Rückkopplungs- und Einigungsprozesse erleichtern;
- jedem Teilnehmer die Chance zur Artikulation seiner Ansichten geben;
- den Lernbedarf einer Gruppe aufdecken;
- Stimmungen transparent machen.

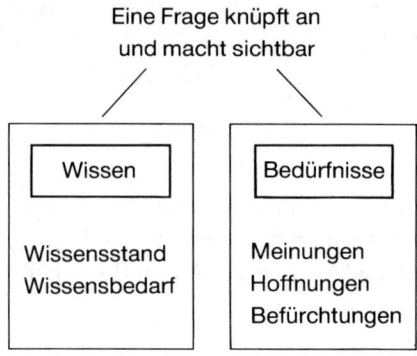

### 2.3.1 Fragetechnik

Eine einfache Form ist eine *rhetorische Frage.* Ein Beispiel wird zunächst als Behauptung, dann als Frage formuliert.

*Behauptung:* „Wir verlieren ständig an Einfluß!" – Behauptungen engen die Phantasie ein und reizen zum Widerspruch.

*Frage:* „Verlieren wir nicht ständig an Einfluß?" – Fragen können weiterführen und nachdenklich machen.

*Geschlossene Fragen* können nur mit ja oder nein beantwortet werden. Sie erleichtern die Kommunikation bei wortkargen Gesprächspartnern,
z.B. „Haben Sie ... ?" „Brauchen Sie .. ?"

*Offene Fragen* können nie mit ja oder nein beantwortet werden; es sind W-Fragen, z.B. „Wie gefällt Ihnen ... ?"

*Suggestivfragen* sind Fragen, die bereits eine Meinung enthalten. Sie haben manipulativen Charakter. Der Kommunikationswert besteht in der Stimmungsmache, z.B. „Sie sind doch auch der Meinung, daß ... ?"

*2.3.2 Schlechte Fragen*

Sie unterbinden die Kommunikation, es erfolgen keine Rückmeldungen.
Schlechte Fragen
- haben Suggestiv-Charakter
- fordern Ja-/Nein-Antworten heraus
- fordern Beweisantritt
- sind sachlich hochspezialisiert
- lenken das Interesse auf Tagesprobleme.

*Beispiele für schlechte Fragen*
„Sie sind doch auch der Ansicht, daß wir so vorgehen sollten?" (suggestiv)
„Alle Experten kommen zu diesem Ergebnis. Teilen Sie diese Auffassung?"
(manipulativ)
„Haben Sie das gestern noch erledigt?" (geschlossen)
„Schaffen Sie diesen Auftrag rechtzeitig?" (einengend)
„Das ist doch nicht so schlimm, oder?" (bagatellisierend)
„Ist das Ihr Ernst?" (wertend)
„Soll ich mich hier zu Tode arbeiten?" (rhetorisch)

„Schlechte" Fragen sind Kampfmittel in Ausnahmesituationen; sie sollten
vom Trainer/Ausbilder vermieden werden.

*2.3.3 Gute Fragen*
Sie erleichtern die Kommunikation und

- machen die Gruppe auf deren Antwort neugierig; werden gern und spontan beantwortet;
- schaffen Gruppentransparenz (wie stehen die anderen dazu?);
- berühren gemeinsame Interessen;
- beziehen das „Ich" der Teilnehmer ein;
- ermöglichen der Gruppe, einen empfundenen Sachzwang zurückzustellen;
- haben einen strategischen Bezug.

Gute Fragen sind auch daran zu messen, ob sie zu Antworten führen, die

- nicht abschließen, sondern weiterführen;
- Ziele offenlegen;

- Wünsche verdeutlichen;
- Willens- und Handels-Erklärungen enthalten;
- Gruppenleistungen anerkennen;
- mit einer neuen Frage enden.

Die „guten" Fragen gelten nur für Gruppen in kooperativer Stimmung.

### 2.3.4 Zehn Regeln für die Frage-Technik

1. Eine Frage muß neugierig machen;
2. die Frage muß persönlich ansprechen;
3. es sollen Meinungsstreuungen sichtbar werden – bei eindeutigen Antworten war die Frage zu banal;
4. die Frage muß unmißverständlich formuliert sein;
5. die Frage muß gut visualisiert sein;
6. bei der Beantwortung auf Tempo drängen;
7. keine wertenden Fragen
   keine Suggestiv-Fragen
   keine peinlichen Fragen
   keine Ja-Nein-Fragen;
8. Antworten durch das Plenum interpretieren lassen;
9. Frage muß weiterführen;
10. Bei Widerstand gegen eine Frage:
    - Feld für Stimmenthaltung anbieten,
    - Plenum bitten, rasch zu antworten und erst dann zu diskutieren,
    - Verbesserungsvorschlag durch das Plenum aufgreifen,
    - Frage fallen lassen.

# 3. Dimensionen der Körpersprache

Die Körpersprache, die nur ein Teil der gemeinsamen Kommunikation darstellt, läßt sich an folgenden Dingen ablesen:

*Körperhaltung offen/geschlossen:*
Eine offene Körperhaltung zeigt sich in bequemer lockerer Haltung, die

Arme und Beine vom Körper weg. Sie signalisiert Sicherheit, Dominanz, Überlegenheit.
Eine geschlossene Körperhaltung bedeutet z.B. Verschränkung der Arme vor dem Körper (Bildung einer Barriere), Unterlagen fest an den Körper gepreßt. Sie signalisiert Unsicherheit, Schutzbedürfnis, Unterlegenheit.

*Körperhaltung zugewendet/abgewendet:*
Abwendung bedeutet hier oft, dem anderen wenig „Angriffsfläche" bieten, die eigene Mimik verstecken (Unsicherheit).
Zuwendung hingegen, sich von vorn zeigen, man hat nichts zu verbergen, kann es sich leisten, sich voll zu zeigen (Sicherheit).

*Blickkontakt/Blickunterbrechung:*
Unsichere Menschen, die sich unterlegen fühlen, weichen dem Blickkontakt meist aus.

*Nähe/Distanz zum Gesprächspartner*
Welche Entfernung man zum Gesprächspartner wählt, hängt davon ab, wie stark, sicher, überlegen man sich fühlt, Große Entfernung läßt eher auf Unsicherheit, Nähe eher auf Sicherheit schließen, wenn sie eine gewisse Grenze nicht unterschreitet. Allzu große Nähe kann auch zu Dominanz und Manipulation führen.

### 3.1 Die Körpersprache lesen und interpretieren

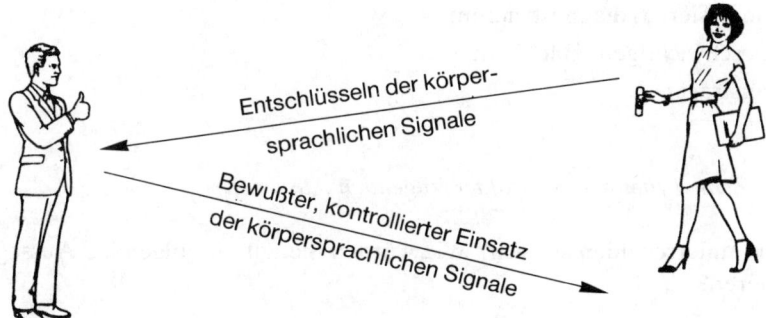

Entschlüsseln der körpersprachlichen Signale

Bewußter, kontrollierter Einsatz der körpersprachlichen Signale

Entschlüsseln heißt richtiges Wahrnehmen der Signale und sich rückversichern. Erst die Einstellung auf den Gesprächspartner sichert die notwendige gemeinsame Basis, auf der eine zielorientierte Argumentation möglich ist.

Alle Einschätzungen der Körpersprache sollten nur in Verbindung mit anderen Wahrnehmungen verwendet werden, da es sonst leicht zu Fehlinterpretationen kommt.

## 4. Konfliktsituationen

In der Psychologie, aber auch allgemein, spricht man von Konflikten dann, wenn zwei Elemente gleichzeitig unvereinbar sind. Diese Spannungszustände lassen sich durch verdeckte oder offene Gegensätzlichkeiten kennzeichnen.

### 4.1 Zehn mögliche „Konfliktmacher" (Kommunikationssperren) (nach Th. Gordon)

1. Befehlen, anordnen, bestimmen;
2. warnen, versprechen, drohen;
3. moralisieren, predigen, an die Pflicht erinnern;
4. Ratschläge erteilen;
5. belehren, dozieren;
6. kritisieren, mißbilligen, zurechtweisen;
7. beschimpfen, lächerlich machen, herabsetzen, beschämen;
8. analysieren, diagnostizieren;
9. beschwichtigen, ablenken;
10. ausfragen.

### 4.1.1 Zehn Typen von konflikterzeugenden Aussagen

Worin unterscheiden sie sich? Wie würden Sie auf die folgenden Aussagen reagieren?

1. „Sie müssen ...", „Sie sollen ..."
2. „Ich rate Ihnen an ...", „Wenn Sie es nicht tun, dann ..."
3. „Es wäre halt besser ...", „Sie sollten eben ...", „Es ist Ihre Pflicht ..."
4. „Ich würde das und das tun ...", „Es wäre am besten für Sie, wenn ..."

5. „Ist Ihnen klar, daß …", „Da liegt Ihr Irrtum …"
6. „Es ist verrückt, was Sie da tun …", „Sie denken nicht klar …"
7. „Wer hat Sie überhaupt angestellt?", „Nun haben Sie uns das verpatzt …"
8. „Was Sie brauchen, ist …", „Damit wollen Sie ja nur sagen, daß …"
9. „Machen Sie sich keine Sorgen …", „Wir können das später besprechen …"
10. „Warum haben Sie …", „Wer …", „Was …", „Wie …", usw?

### 4.2 Schärfen Sie als Referent Ihren Blick für Warnsignale
(Nach O. Neuberger)

Aus der Fülle einige Beispiele:

– Trotz, „Jetzt-erst-recht" -Haltung;
– sticheln, „schwach anreden";
– Flucht in utopische Ideen, Tagträumereien oder Krankheit;
– Verkrampfung, Angst;
– Fehler anderen in die Schuhe schieben;
– „Mir ist alles egal";
– Rückfall in kindliche Verhaltensweisen
  Weinen, schmollen, sich als Clown aufspielen;
– Jasagen, nach dem Mund reden;
– unangemessene und übertriebene Freundlichkeit;
– Zahlen frisieren, die Wirklichkeit zurechtbiegen;
– etwas nicht wahrhaben wollen;
– Rückversicherung, sich hinter anderen verstecken.

### 4.3 Voraussetzungen zur Konfliktlösung

Konfliktwahrnehmung

Bewußtmachen von Empfindungen

Fähigkeit, Gefühle zu äußern

sprachliches Verständigungsvermögen

Bereitschaft zum Gespräch

### 4.3.1 „Du-" oder „Sie-Botschaften"

sind häufig schuldzuweisend, z. B.:

– „Sagen Sie mal …"
– „Was erlauben Sie sich …?"
– „Wie konnten Sie nur …?"

Du-Botschaften wirken konfliktverschärfend.

### 4.3.2 „Ich-Botschaften"

sind einfühlend und meist weiterführend:

– „Ich meine …"
– „Ich halte … für sinnvoll …"
– „Ich kann gut verstehen, daß …"

Ich-Botschaften wirken konfliktlösend.

### 4.3.3 Drei Verhaltensregeln für Konfliktsituationen
### (nach E. Crisand)

*Kongruenz und Echtheit* bedeutet, dem Teilnehmer aufrichtig begegnen – „Mich interessiert dein Problem".

– Das Verhalten muß echt und transparent sein, es darf nicht aufgesetzt sein, es darf keine seelenlose „Technik" sein;
– der Gesprächsführer muß versuchen, den Partner und sein Verhalten wirklich zu verstehen (nicht aus der eigenen Warte, sondern aus der des Gesprächspartners muß das Problem gesehen werden).

*Einfühlendes, nicht-wertendes Verstehen* beinhaltet, mit dem Teilnehmer fühlen – „Ich verstehe, warum Du Dich so verhälst".
Der Trainer/Ausbilder sollte sich bemühen,

– den inneren Bezugsrahmen des Gesprächspartners zu erkennen;
– sein Verhalten zu verstehen, auch wenn er es nicht akzeptieren kann;
– „in die Haut des Gesprächspartners zu schlüpfen";
– die Umwelt so zu erkennen, wie der Gesprächspartner sie wahrnimmt.

*Den Teilnehmer annehmen, wertschätzen, ihn achten* im Sinne „Du interessierst mich als Person".
Der Trainer/Ausbilder muß vermitteln, daß er

– den Teilnehmer in seiner Art akzeptiert und annimmt;
– den Teilnehmer nicht allein läßt;
– den Teilnehmer und das Gespräch auch für sich, den Trainer, für wichtig hält.

## 4.4 Können Sie zuhören?

Viele Konfliktsituationen entstehen auch, weil der Referent nicht zuhören kann und der Teilnehmer auf seine Beiträge nicht das gewünschte Feed-back erhält.

### 4.4.1 Zehn Unarten beim Zuhören

– der Zuhörer wertet die Sache sofort als uninteressant ab;
– er ist durch Sprache und Gestik des Sprechers voreingenommen oder wird durch eine Aussage zu gedanklichen Ausflügen angeregt;
– oft hat er nur ein Ohr für Fakten;
– er versucht, sich alles auszumalen und läßt in der Aufmerksamkeit für den Sprecher nach;
– er läßt sich durch alle möglichen anderen Dinge ablenken;
– schwierige Dinge werden nicht aufgenommen;
– durch emotionsgeladene Worte werden feindselige Gefühle geweckt;
– er gibt sich Tagträumereien hin.

### 4.4.2 Regeln zum Zuhören
(Nach L. Jones)

– Kristallisieren Sie aus der Masse der Informationen das zentrale Thema heraus;
– lassen Sie sich komplizierte Fremdwörter übersetzen.
– Überprüfen Sie Ihre Einstellung zum Thema. Wenn Ihre Einstellung starr ist, werden Sie vieles überhören;

- stellen Sie sich auf das, was Ihnen „gesendet" wird, ein;
- denken Sie daran, daß Sie viermal schneller aufnehmen können, als ein Redner sprechen kann:
- Überdenken Sie noch einmal, was der Sprecher gesagt/nicht gesagt hat;
- strukturieren Sie das, was er gesagt hat (ziehen Sie eine gedankliche Summe);
- achten Sie auf non-verbale Kommunikation (Mimik, Gestik, Körperhaltung);
- denken Sie voraus, aber bleiben Sie am Ball;
- bauen Sie Störeinflüsse aus der Umgebung ab;
- versuchen Sie zu vermeiden, daß Ihre Gefühle die Kommunikation beeinträchtigen (emotionale Filter können wichtige Aussagen blockieren);
- registrieren Sie, wenn sich Tonfall oder Lautstärke ändern;
- fassen Sie bei Dialogen das, was gesagt worden ist, zusammen (in Frageform, z.B. „Habe ich Sie richtig verstanden, daß ...?").
- hören ist ein aktiver Prozeß. Vermeiden Sie aber Unterbrechungen, z.B. vorschnelle Rat-**schläge**.

*4.4.3 Aktives Zuhören*

„Aktives Zuhören" heißt, dem anderen zu sagen, wie seine Aussage „angekommen" ist, d.h. wie wir sie interpretieren. Es besteht nicht aus einer reinen Wiederholung des Gesagten.

„Aktives Zuhören" heißt auch; sich vorsichtig an das, was der Partner sagt, heranzutasten. Mögliche Satzanfänge sind:

- „Sie denken, daß ..."
- „Sie haben das Gefühl, daß ..."
- „Es scheint Ihnen ..."
- „Ich glaube zu verstehen, daß Sie ..."
- „Sie glauben, daß ..."

## 4.5 Unfaires Verhalten und Möglichkeiten der Abwehr

Wie die tägliche Erfahrung zeigt, kann man sich auch durch noch so gute Sprech- und Fragetechnik nicht ganz vor unfairen Tricks schützen. Das Spektrum ist vielfältig. Ziel ist immer, die Glaubwürdigkeit des Referenten zu erschüttern. Im folgenden stelle ich die wichtigsten Taktiken und deren Abwehrmaßnahmen vor.

| **Unfaire Maßnahmen** | **Abwehrmaßnahmen** |
|---|---|
| *Emotionalisierung* | |
| Emotionalisierende Taktiken sind:<br>– Persönliche Angriffe, Beleidigung und Diffamierung, Unterstellungen persönlicher Interessen oder unlauterer Motive.<br>– Man macht Sie persönlich verantwortlich für Fehlentwicklungen und Mißstände. | Oberstes Gebot: Ruhe, Gelassenheit und Selbstdisziplin. Sie gewinnen aus der Sicht der anderen Teilnehmer, wenn Sie sich nicht die emotionale Stimmung, die Lautstärke und den Grad der Unfairness vom Kritiker aufdrängen lassen. |
| *Bestreiten der Fachkompetenz* | |
| Bei dieser Taktik wirft man Ihnen mangelnde Sachkunde und unzureichende Fachkompetenz vor. Dies geschieht nicht selten mit dem Hinweis auf Ihre berufliche Spezialisierung. Beispiel: „Verfügen Sie als Kaufmann eigentlich über den notwendigen Sachverstand, um diese komplizierten technischen Fragen beurteilen zu können?" | Lassen Sie sich auf keine Kompetenzdiskussion ein, konzentrieren Sie sich auf Sachargumente. Eine weitere Möglichkeit besteht darin, in die Offensive zu gehen und dem Gegenüber Sachfragen zu stellen, die seine Kompetenz überschreiten. |

| **Unfaire Maßnahmen** | **Abwehrmaßnahmen** |
|---|---|

*Simplifizierung des Problems*

Der Kritiker vereinfacht das zugrunde liegende (an sich komplexe) Problem und seine Ursachen. Er bietet Lösungsvorschläge an, die völlig unrealistisch sind und auch anderen Prüfkriterien wie Finanzierbarkeit, Effizienz, Vereinbarkeit mit übergeordneten Normen nicht standhalten.

Widerlegen Sie die Vereinfacher mit allem Nachdruck! Wenden Sie sich gegen monokausale Erklärungen und Patentlösungen, die es bei den komplexen Fragen nicht geben kann. Machen Sie sich stark für eine differenzierte Analyse! Führen Sie Fakten und wissenschaftliche Befunde in die Diskussion ein. Stützen Sie sich im Zweifel auf angesehene Fachleute, die in den Augen der übrigen Teilnehmer als interessenunabhängig gelten.

*Taktik des Übertreibens*

Man übersteigert Ihre Aussage, zum Beispiel die Konsequenzen Ihres Lösungsvorschlags und versucht so, Sie unglaubwürdig oder lächerlich zu machen. Ein an sich ganz vernünftiger Gedanke wird durch phantasievolle Folgerungen so übertrieben, daß ein ganz unsinniges Ergebnis dabei herauskommt.

Nennen Sie die Taktik der Übertreibung beim Namen. „Sie sind offenbar ein recht phantasievoller Mensch. Extreme Szenarien und Bilder bringen uns hier wirklich nicht weiter. Darf ich unser Ausgangsproblem noch einmal verdeutlichen ..."

*Einzelfälle werden verallgemeinert*

Bei dieser Spielart werden einzelne Beispiele, persönliche Erfahrungen und praktische Fälle in die Diskussion eingebracht. Man kommt dann zu allgemeinen Schlußfolgerungen, die in ihrer Klarheit frappierend sind und zudem durch konkrete Tatsachen belegt werden.

Wenden Sie sich mit Entschlossenheit gegen diese Taktik, weil sie Denkfehler provoziert. Einzelfälle und Beispiele beweisen nie, sie sind allenfalls geeignet, zu erläutern und zu veranschaulichen. Zudem kann man mit Hilfe eines passenden Einzelfalls die These widerlegen.

## Unfaire Maßnahmen

## Abwehrmaßnahmen

*Tatsachen und wissenschaftliche Ergebnisse werden rundweg bestritten*

Redewendungen:
„Was Sie da sagen, stimmt überhaupt nicht ...";
„Sie sind falsch informiert ...";
„Da hat man Ihnen einen ziemlichen Unfug aufgeschrieben ..."

Ziel dieser Taktik ist, den Gesprächspartner zu verwirren, seine Glaubwürdigkeit und seine intellektuelle Redlichkeit herabzusetzen und unüberlegte Reaktionen zu provozieren.

Vorbeugend: Die Fakten, Daten, wissenschaftlichen Untersuchungen und die übrigen Beweismittel im Vorfeld sorgfältig überprüfen. In Ruhe und Gelassenheit klare und einwandfreie Argumentation vortragen, gegebenenfalls auch wiederholen.

*Bekannte und anerkannte Autoritäten werden (zu Unrecht) zitiert*

Der Kritiker will den Eindruck erwecken, daß er in seinen Überlegungen und Beweisen den zitierten Autoritäten folgt. Die eigene schwache Argumentation soll dadurch aufgewertet, der Gesprächspartner in die Rolle desjenigen gedrängt werden, der im Gegensatz zu den Autoritäten (Experten, Sachkennern, Persönlichkeiten mit hohem Ansehen) steht.

„In meiner Argumentation weiß ich mich einig mit ...";
„Alle Sachkenner der Materie stützen doch meine Position ..."

Konsequent auf eine sachbezogene Argumentation drängen. Prüfen Sie, ob der Beitrag neue Informationen liefert: „Können Sie uns verdeutlichen, welche Sachbeiträge Ihr Zitat für die Analyse oder die Lösung des diskutierten Problems leistet?" Fragen Sie nach der genauen Quelle und nach dem Kontext, in welchem das Zitat steht.

| Unfaire Maßnahmen | Abwehrmaßnahmen |
| --- | --- |

*Einbringen neuer Untersuchungser-*
*gebnisse*

| Unfaire Maßnahmen | Abwehrmaßnahmen |
| --- | --- |
| Diese Taktik zielt darauf, Ihre Argumentation durch bisher nicht diskutierte Untersuchungsergebnisse, statistische Daten und vergleichbare Materialien abzuschwächen oder sogar zu entkräften. | Sie räumen ein, daß Sie die Untersuchungen nicht kennen und daß Sie daher im Moment auf eine Bewertung verzichten müssen. Sie weisen darauf hin, daß es eine Vielzahl wissenschaftlicher und „quasiwissenschaftlicher Untersuchungen" zum Thema gibt und daß Sie sich für solche entschieden haben, die sich durch Interessenunabhängigkeit, Seriosität und durch hohe wissenschaftliche Standards und Reputation auszeichnen. |
| *Beispiel:* „Ich habe hier eine neuere Untersuchung vorliegen, die zu gegenteiligen Schlußfolgerungen kommt." Eine besonders unfaire Spielart besteht darin, „wissenschaftliche Fakten" oder Forschernamen zu erfinden und „statistische Untersuchungen" zu konstruieren. | |

## 4.6 Weitere Tricks und Winkelzüge, auf die man sich einstellen sollte

| Unfaire Maßnahmen | Abwehrmaßnahmen |
| --- | --- |
| Es werden Annahmen und Vermutungen in die Diskussion eingeführt (etwa durch hypothetische Fragen oder vorgestellte Szenarien). | Überprüfen Sie die Prämissen des Wenn-Satzes Ihres Gegenübers. Zeigen Sie argumentativ, warum Ihre Annahmen wahrscheinlicher sind als die vorgetragenen. Wenden Sie sich gegen uferlose „Sandkastenspiele" und die zeitraubende Diskussion hypothetischer Situationen. |
| Der Gegner erörtert Sachfragen auf einer wertenden Ebene. | In diesem Fall könnten Sie höhere Wertansprüche als Ihr Gegenüber stellen oder sich gegen eine Vermengung von Fakten und Bewertungen wenden. |

## Unfaire Maßnahmen

Man unterstellt Ihnen unlautere Interessen und Motive mit dem Ziel, von der Sache abzulenken und Ihre Person in Mißkredit zu bringen.

## Abwehrmaßnahmen

Lassen Sie sich auch hier nicht provozieren. Gehen Sie in die Offensive. Machen Sie sich mit Nachdruck für einen sachbezogenen Dialog stark. „Ich schlage vor, daß wir darauf verzichten, durch Unfairneß und Abqualifizierung des anderen Punkte zu sammeln. In der Sache geht es doch um folgendes …"

*Seminarteilnehmer*

**Der Dauerredner**

Sprechzeit festsetzen,
als Schriftführer einteilen,
höflich unterbrechen.

**Der Schüchterne**

Ermuntern,
als Fachmann für bestimmte
Fragen ansprechen.

**Der Aggressive**

Durch Humor besänftigen.

**Der Dickfellige**

Angreifen,
herausfordern.

**Der Überschlaue**

Auf Spitzfindigkeiten
nicht näher eingehen.

**Der Arrogante**

Nicht beachten.

**Der Verbitterte**

Durch Freundlichkeit und
Eingehen auflockern.

# III. Vorbereitung von Vortrag, Seminar, Unterweisung, Gruppensitzung

## 1. Grundsätze zur Vorbereitung

Gründliche Vorbereitung ist der Schlüssel zum Erfolg jeder Weiterbildungsmaßnahme. Sprachliches und rhetorisches Geschick reichen allein noch nicht aus, um zu überzeugen. Der Inhalt muß stofflich, methodisch und technisch erarbeitet werden.

Der Referent muß sich gründlich und gewissenhaft mit dem *Thema* vertraut machen. Bei der *Methodik* überlegt er, auf welche Art und Weise er den Stoff am besten „rüberbringen" kann. *Technisch* müssen die Medien bereitgestellt und auf Funktionsfähigkeit überprüft werden.

Bei einer guten Vorbereitung kann man Gegenargumente und Einwände rasch einordnen bzw. überprüfen; zudem gibt sie mehr Sicherheit in schwierigen Situationen.

Wie kann man sich nun am besten vorbereiten? Im folgenden gebe ich einige für Ihre Arbeit vielleicht wichtige Anregungen.

## 2. Teilnehmerkreis

Wenn man einem Laien etwas über den neuesten Entwicklungsstand in der Datenverarbeitung erzählt, wird man dies anders tun, als wenn man einen Programmierer darüber informiert. Am Anfang jeder Vorbereitung muß daher eine genaue *Analyse des Teilnehmerkreises* stehen. Die folgenden Fragen helfen, den Teilnehmerkreis zu beschreiben:

Wie setzt sich der Teilnehmerkreis zusammen:
– Bringen alle die gleichen Voraussetzungen mit oder sind die Voraussetzungen sehr unterschiedlich (homogener bzw. heterogener Teilnehmerkreis)?
– Welche Interessen sind vorhanden?
– Wie groß ist die Zahl der Teilnehmer?
– Welche Altersstufen werden überwiegen?

Diese Teilnehmeranalyse ist deshalb so wichtig und an erster Stelle vorzunehmen, weil die gesamte weitere Vorbereitung auf den konkreten Teilnehmerkreis abzustimmen ist; seine Zusammensetzung, Vorkenntnisse, Interessen müssen weitestgehend berücksichtigt werden.

## 3. Thema und Zielsetzung

Erst wenn man weiß, zu wem man sprechen soll, ist zu überlegen, welche Inhalte auszuwählen sind. Den Laien wird zum selben Thema etwas anderes interessieren als den Fachmann; beim einen kann man weniger, beim anderen mehr voraussetzen.
Folgende Fragen können auch hierbei weiterhelfen:

– Wie genau ist das Thema vorgegeben? (Absprache mit dem Auftraggeber, evtl. auch Absprache mit anderen Referenten)
– Welche Inhalte wählt man innerhalb des gegebenen Themas aus? (Zusammensetzung des Teilnehmerkreises dabei beachten.)
– Welche Ziele sollen erreicht werden?
– Zu welcher Tageszeit und unter welchen Bedingungen findet der Vortrag statt? (Ausgeruhtheit oder Ermüdung der Teilnehmer bei der Auswahl der Stoffmenge und der Wahl des Niveaus beachten.)
– Wie soll das Thema formuliert werden? (Inhaltlich richtig, aussagekräftig, zugkräftig.)

## 4. Aufbau und Gliederung

Erst wenn der Teilnehmerkreis genau beschrieben ist und die Ziele definiert sind, wenn die für den Teilnehmerkreis geeigneten Inhalte ausgewählt sind, wird man den Aufbau vornehmen. Dabei ist es wichtig, zunächst für sich selbst die Inhalte klar nach logischen Prinzipien zu strukturieren (etwa nach Ursache – Wirkung, Voraussetzung – Folge). Eine deutliche Gliederung der vorzutragenden Inhalte erleichtert den Überblick und ist unabdingbare Voraussetzung, um im Zuhörer klare Vorstellungen wecken zu können.

Folgende Punkte sollen beim Aufbau sinnvollerweise beachtet werden:

- Interesse und Neugier weckende Einleitung;
- kleine Schritte, logische Reihenfolge;
- gute Verknüpfungen mit bereits Bekanntem durch Beispiele und anschauliche Bilder;
- gelegentliche Auflockerungen durch humorvolle Beiträge;
- den Teilnehmern „Erholungspausen" gönnen durch gelegentliches Absenken der Konzentrationsbeanspruchung;
- Spannung durch den ganzen Vortrag aufrechterhalten (Höhepunkte über den ganzen Vortrag verteilen, ein Problem als Frage formulieren, Neugier ansprechen);
- kurze prägnante Zusammenfassungen geben.

## 5. Medieneinsatz

Medieneinsatz ist nicht Sache des Zufalls, sondern ein wichtiger Punkt in der Vorbereitung. Anschaulichkeit fördert das Verstehen und Behalten. Medien unterstreichen die Wirksamkeit des Vortrags erheblich. (Vgl. Kapitel V. Medien) Also wird man sich überlegen:

- Welche Medien sind vorhanden oder können beschafft werden?
- Welche Medien eignen sich für das gewählte Thema?
- Welche „Software" ist vorhanden (Folien, Videobänder, Skizzen und Flipchart)?
- Was muß an „Software" vorbereitet werden?

## 6. Unterlagen für die Teilnehmer

Je nach Schwierigkeit, Wichtigkeit und Ziel der Lerneinheit ist zu überlegen, ob man zur Entlastung des Gedächtnisses und zur besseren Konzentration den Teilnehmern schriftliches Begleitmaterial mitgeben will. Soll der Teilnehmer mit einem Manuskript arbeiten, muß es vorher verteilt werden. Bei

kleinem Teilnehmerkreis kann man gelegentlich ein Blatt zwischendurch aus-
teilen, wenn mit dem Vorher-Verteilen ein geplanter Effekt (etwa Prüfung,
Test, Überraschung) verlorenginge. Bei großem Teilnehmerkreis wirkt das
Verteilen von Informationsblättern störend! Wenn man ein Manuskript verwendet, soll man überlegen:

– Welche Infomation muß unbedingt mitgegeben werden?
– Wie kann die Infomation knapp, eindeutig, verständlich übersichtlich
  gestaltet werden?
– Wann sind die Unterlagen zu verteilen?

## 7. Zeitliche und stoffliche Begrenzung

Zur Vorbereitung gehört es, die Stoffmenge der zur Verfügung stehenden
Zeit anzupassen. Es ist sinnvoll, am Ende der Vorbereitung einen Sprechversuch zu machen. Das *Tonband* ist die beste Kontrolle. Auf diese Weise kann
man nicht nur die benötigte Zeit, sondern auch Weitschweifigkeit, allgemeine Verständlichkeit, mögliche Schwachstellen, Unklarheiten, logische
Sprüche u.a. leicht feststellen.

Nach dem Sprechversuch ist zu überlegen:

– Kann man das Thema enger fassen?
– Kann ein Abschnitt wegbleiben?
– Kann man Abschnitte inhaltlich kürzen?
– Wurde eine wesentliche Aussage vergessen?
– Sind genügend Beispiele und Vergleiche verwendet?
– Kann man das Thema erweitern, inhaltlich anreichern?

Selten ist die Zeit vorhanden, alles zu bringen, was zu dem betreffenden
Thema gehört oder in der Ausbildungsstunde gebracht werden könnte. Der
Stoff wird daher zweckmäßig in drei Teile eingeteilt (vgl. Abb.):

1.

Was alle Teilnehmer wissen müssen    Wichtige Punkte, die von jedem Teil-
(Minimalforderung)                    nehmer beherrscht werden müssen,
                                      um das Ziel zu erreichen.

2.
Was die meisten Teilnehmer wissen sollen

Punkte, deren Kenntnis wünschenswert ist, die jedoch nicht von grundlegender Bedeutung sind. Die Mehrzahl der Teilnehmer soll sie beherrschen.

3.
Was die Teilnehmer zusätzlich wissen können

Weniger grundlegende, aber wissenswerte Punkte, die gebracht werden, wenn genügend Zeit zur Verfügung steht und die Aufnahmefähigkeit dafür vorhanden ist. Einzelne Teilnehmer sollen sie beherrschen. (Ansatz für die nächsthöhere Stufe der Ausbildung.)

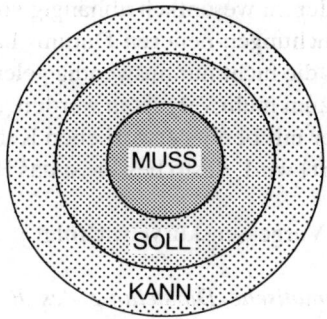

## 8. Wozu ist Struktur gut?

Hermann Ebbinghaus (Psychologe, 1850 bis 1909) war einer der ersten, die sich systematisch mit Gedächtnisleistungen beschäftigt haben. Er bemühte sich im vorigen Jahrhundert (sein Hauptwerk „Über das Gedächtnis" erschien 1885), Gesetzmäßigkeiten des Behaltens und Vergessens zu finden. Dabei stellte er fest, daß wir – beim Lernen sinnloser Silben – nach 20 Minuten schon fast die Hälfte vergessen haben, nach einem Tag etwa zwei Drittel, nach einer Woche schon drei Viertel. Das wird in der „Vergessenskurve" veranschaulicht.

*Vergessenskurve, sinnlose Silben*, nach Ebbinghaus

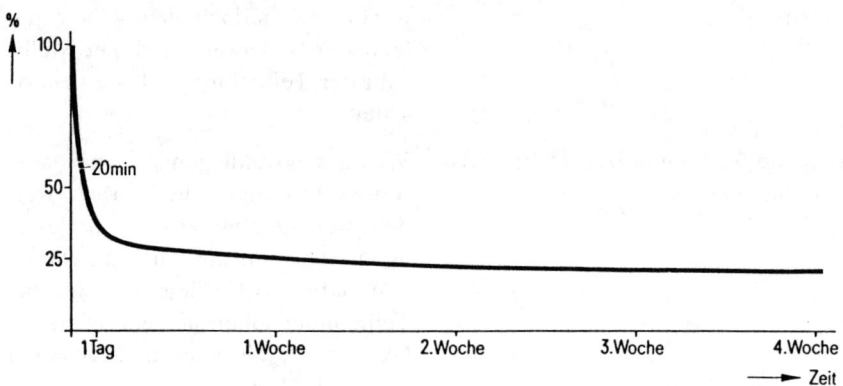

Vergessen ist unter anderem wesentlich abhängig von der *Sinnhaftigkeit* des Lernmaterials. Untersuchungen neueren Datums haben ergeben, daß z.B. Regeln und Prinzipien, die nicht nur auswendig gelernt, sondern eingesehen und verstanden sind, kaum mehr vergessen werden. Je sinnvoller ein Lerninhalt ist, d.h. je besser er mit bereits erworbenen Kenntnissen und Fertigkeiten verknüpft (assoziiert) wird, desto besser ist das Behalten.

Damit ergänzt sich die Vergessenskurve wie folgt.

*Vergessenskurve, Schematische Darstellung des Behaltens bei verschieden sinnvollem Lernmaterial*, nach Ebbinghaus

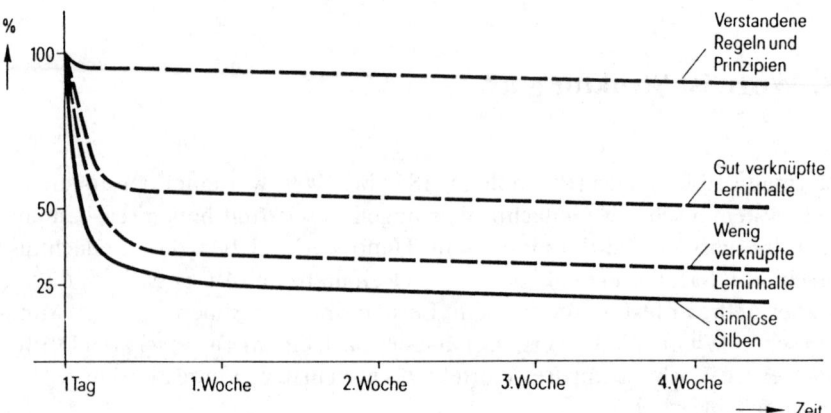

Referenten/Trainer/Ausbilder sollten daher

– im Vortrag zahlreiche und gute Verknüpfungen zu bereits bekannten Inhalten herstellen, Beispiele aus dem Alltag bringen, gute Querverbindungen schaffen, neue Zusammenhänge aufzeigen usw. Je besser die neue Information mit bereits Bekanntem assoziiert ist, desto besser ist das Behalten;

– Inhalte eines Vortags, wenn möglich, auf bereits gelernte und verstandene Regeln und Prinzipien zurückführen, dann bleiben sie stärker im Gedächtnis;

– dem Anfangsabfall in der Vergessenskurve im Vortrag durch eine früh einsetzende erste Wiederholung entgegenwirken (spätestens nach 20 Minuten!). Dies kann geschehen durch knappe Teilzusammenfassungen, durch nochmaliges Durchdenken der Information an einem neuen Beispiel oder durch Verwenden von Medien, mit denen die verbale Information im Bild wiederholt wird.

**8.1 Stufenplan für den Ablauf**

---

*1.Stufe: Einleitung*
Interesse wecken, motivieren, Zielsetzung

---

*2.Stufe: Darbietung*
Nur *ein* Informationschritt, *eine* logische Einheit soll dargeboten werden!

---

*3.Stufe: Verknüpfung*
Der dargebotene Inhalt soll mit bereits Bekanntem verknüpft oder durch Beispiele aus dem Alltag verdeutlicht werden.

---

*4.Stufe: Zusammenfassung*
Kurz, einfach und übersichtlich die wesentlichen Gedanken wiederholen.

---

*5.Stufe: Schluß*
z.B. Hinweise auf Anwendung, Übertragungsmöglichkeit, Ergebnisse der Darbietung, Ausblick.

Das Einhalten von Stufen ist nicht nur eine Sache der Ordnung, sondern auch eine Sache des besseren Verstehens und Behaltens – und damit echte Lernhilfe.

### 8.1.1 Zeitablauf

Der Referent sollte höchstens 90 Minuten sprechen, besser nur 60 Minuten, dann aber eine Pause einlegen.

**Möglicher Ablaufplan für ein Tagesseminar**

09.00 Uhr Beginn       „Guten Morgen"

*Vormittagsprogramm*

| | |
|---|---|
| 10.30 Uhr Pause | Kaffee, Tee, Mineralwasser |
| bis | nicht rauchen, aber Gruppe |
| 10.50 Uhr | zusammen lassen! |

| | |
|---|---|
| 12.00 Uhr | |
| bis | Mittag |
| 13.30 Uhr | |

13.30 Uhr Beginn
*Nachmittagsprogramm*

| | | |
|---|---|---|
| 15.00 Uhr | | |
| bis | Pause | Ablauf wie 10.30 Uhr |
| 15.20 Uhr | | |

16.30 Uhr       „Auf Wiedersehen"

*Was Sie beachten sollten:*
– Exakten Zeitplan vorbereiten und einhalten!
– Pausen vorher absprechen!
– Jemanden bitten, die Uhr im Blick zu halten und den Referenten auf den Beginn der Pausen hinzuweisen.

*8.1.2. Erfolgskontrolle*

Am Ende des Unterrichts steht ein Lernergebnis. Ob dieses Ergebnis mit dem, was in den Lernzielen vorher geplant war, übereinstimmt, ist nicht immer sofort ersichtlich. Ergibt die Kontrolle, daß das Lernergebnis von den vorgegebenen Zielen abweicht, muß man überprüfen:

– Wurden die richtigen Methoden und Medien eingesetzt?
– War die Stoffauswahl und -gliederung sinnvoll?
– Wurden für den vorgegebenen Adressatenkreis die Lernziele richtig ausgewählt?

Aufgrund der Kontrolle der Lernergebnisse werden die einzelnen Stufen der Durchführung ständig kontrolliert und verändert.

Die Erfolgskontrolle ist auch ein Ansatz für neue bzw. ergänzende Schulungen.

# 9. Handzettel

Der Handzettel ist eine gute Stütze bei der *Vorbereitung;* er ist nur in Ausnahmefällen *während* des Seminars als Gedächtnisstütze zu benutzen, denn wer am Handzettel klebt, zeigt nur, daß er sich schlecht vorbereitet hat.
Der Zettel soll dazu dienen, den Lehrstoff übersichtlich zu gliedern und zwingt den Referenten/Trainer/Ausbilder zu einem geordneten, durchdachten Aufbau und Ablauf der Veranstaltung:

– er muß sich über die benötigte Zeit Gedanken machen,
– Unnötiges vom Wesentlichen unterscheiden,
– den Medieneinsatz überlegen.

Ein gut vorbereiteter Handzettel verleiht dem Referenten mehr Sicherheit. Ein Muster eines solchen Formulars und wie es ausgefüllt aussehen kann, finden Sie auf den folgenden Seiten.

| Zeit | Inhalt / Thema / Lernziel | Anm. | Meth. | Med. |
|------|---------------------------|------|-------|------|
|      |                           |      |       |      |

| Zeit | Inhalt / Thema / Lernziel | Anm. | Meth. | Med. |
|---|---|---|---|---|
| | AUFBAUSEMINAR FÜR MEISTER | | | |
| 09.00 | Begrüßung/Information zur Organisation | Pers.Abt | Vortrag | Flip Over-head |
| 09.15 | Seminarziele/Spielregeln | | Vortrag | Flip |
| 09.20 | Kommunikationsübung (Auflockerung der Lernatmosphäre) | Gruppen zu 4 TN | Gruppen-arbeit (GA) | Quadrat-übung |
| 09.45 | Was ist aus dem Grundseminar noch bekannt? | Klein-gruppen | GA | Test Over-head |
| 1o.30 | Vormittagspause | | | |
| 10.50 | Wie konnte Führungswissen in der täglichen Praxis umgesetzt werden? | Anerken-nung und Kritik Delega-tion und Kontrolle | Einzel-arbeit (EA) | Meta-plan |
| 11.25 | Was konnte nicht umgesetzt werden? | Info.und Kommunik. Arbeiten in Grup. | EA | Meta-plan |
| 12.00 | Mittagspause | | | |
| 13.30 | Wo lagen die Hindernisse? Bei mir? Beim Mitarbeiter? Bei Vorgesetzten? Bei Kollegen? In der Organisation? Im Umfeld? | Auf ein-zelne Probleme konkret eingehen | GA und Erfa | Meta-plan |
| 14.30 | Nachmittagspause | | | |
| 14.50 | Was kann man unter den gegebenen Umständen tun? | Praktisch verwert-bare An-regungen | GA Erfa | Flip |
| 16.20 | Zusammenfassung/Verabschiedung | Pers.-Abt. | Vortrag | erar-beitete Pinwände |

Adressaten: _____

Thema: _____

Lernziel: _____

| Zeit | Lernorganisation<br>– Referentenaktivitäten<br>– Teilnehmeraktivitäten<br><br>– Methoden<br>– Hilfsmittel | Stoff<br>– Stichworte<br>– wichtige Formulierungen, Begriffe usw.<br>– Folientexte etc. | Zusatz-Informationen<br>– Beispiele/Bemerkungen<br>– Sollte/Kann |
|---|---|---|---|
| (1) | (2) | (3) | (4) |
|  |  |  |  |

**Adressaten:** Mitarbeiter (-innen) im Verkausaußendienst

**Thema:** Verkäuferschulung

**Lernziel:** Kundenwünsche erkennen und abschlußsicher argumentieren

| Zeit | Lernorganisation | Stoff | Zusatz-Informationen |
|---|---|---|---|
| | – Referentenaktivitäten<br>– Teilnehmeraktivitäten<br><br>– Methoden<br>– Hilfsmittel | – Stichworte<br>– wichtige Formulierungen, Begriffe usw.<br>– Folientexte etc. | – Beispiele/Bemerkungen<br>– Sollte/Kann |
| (1) | (2) | (3) | (4) |
| Zwei Tage | – Rollenspiele<br>– Fallbeispiele der Teilnehmer<br>– Audiovisuelle Aufnehmen mit Besprechung | – Motive des Kunden gezielt ansprechen<br>– Argumentation und Einwandbehandlung<br>– Körpersprache entschlüsseln<br>– Transaktionsanalytisches Verhalten | – Wo noch ergänzende Schulung nötig?<br>– Evtl. ein fieldwork-training (Trainer mit Verkäufer zum Kunden) |

# DIE MOBILE REDEFREIHEIT BEI VERANSTALTUNGEN

## Mit drahtlosen Tonübertragungsanlagen „Mikroport"

„Mikroport" Sender und Empfänger arbeiten drahtlos in Hochfrequenz-Technik. Die hohe Qualität von „Mikroport" Mikrofon-Anlagen gewährleistet ein Höchstmaß an Übertragungssicherheit.

Das Vertrauen in drahtlose Mikrofon-Anlagen von Sennheiser wird durch täglichen Einsatz bei Rundfunk und Fernsehen eindrucksvoll dokumentiert. Das Geheimnis dieses Erfolges ist das in dreißig Jahren gewachsene Knowhow, der hohe Qualitätsanspruch und der intensive Kontakt zum Anwender.

Ganz gleich, ob Sie eine Ein- oder Mehrkanal-Anlage planen – Sennheiser hat die Technik!

Fordern Sie unsere ausführlichen technischen Informationen an!

 **SENNHEISER**

Sennheiser electronic, Abt. SPK, Postfach, 3002 Wedemark, Tel. (0 51 30) 6 00-3 92

# IV. Methodeneinsatz

## 1. Das Referat

### 1.1 Referatsmethode

Jede Methode ist ein Interaktionsfeld zwischen der Person des Referenten, dem Inhalt und den Methoden bzw. Medien. Aufgabe des Referenten dabei ist es, durch dynamische Kommunikation (Gespräch, Gruppenarbeit) ein positives soziales Klima aufzubauen.

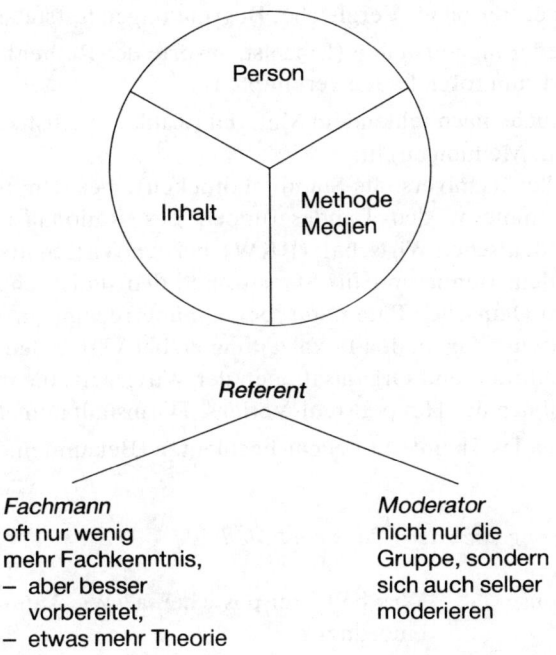

## 1.2 Regeln für die Ausarbeitung eines Referats

### 1.2.1 Material sammeln

☐ Arbeitstitel wählen (um noch flexibel zu bleiben);

☐ aktuelle Zeitungs- und Zeitschriftenartikel suchen (für Trendanalyse);

☐ eigene Aufsätze, Notizen, Beiträge durchsehen (evtl. eigenes Archiv?);

☐ persönliche Erlebnisse und Erfahrungen niederschreiben;

☐ Buchauszüge kopieren;

☐ jede Information einzeln auf ein DIN A4-Blatt kleben (Einheitlichkeit) und mit einem Stichwort verstehen;

☐ alle einzelnen Stichwort-Beiträge nach Themenbereichen aufteilen und in Klarsichthüllen sammeln;

☐ vorhandenes Material durchsehen, befragen und fehlende Beweise, Übergänge, Beispiele, Vergleiche, Begründungen feststellen;

☐ erste Gliederung aufstellen (Einzelstichworte der Reihenfolge nach sortieren und zum roten Faden verknüpfen);

☐ gezielte Suche nach fehlendem Material (Zahlen, Statistiken, Analysen, Beispielen, Meinungen) in:
Bibliotheken (Universitäts-Stadtbibliotheken), bei den Industrie- und Handelskammern, den Landesgruppen des Rationalisierungskuratoriums der deutschen Wirtschaft (RKW), bei den Wirtschaftsforschungsinstituten, dem Bundesamt für Statistik und den statistischen Landesämtern, beim Deutschen Patentamt, bei den überregionalen Zeitungs- und Zeitschriftenverlagen, den Lokalzeitungen, bei Verbänden (Fachverbänden!), Behörden und Organisationen der Wirtschaft, die im gleichnamigen Handbuch des Hoppenstedt-Verlags, Darmstadt aufgeführt sind);

☐ Diskussion des Themas mit Nicht-Fachleuten (Bekannten, Freunden).

### 1.2.2 Gliederung nach der „Baustein"-Methode

| | |
|---|---|
| B = Bedeutung | Was bedeutet das Thema? Wie kann ich es richtig einordnen? |
| A = Aussage | Worin besteht die Hauptaussage? Wie kann ich sie in ein, zwei Sätzen zusammenfassen? |
| U = Untergedanke | Welche Untergedanken sind für meine Arbeit wichtig? |
| S = Schlüsse | Zu welchen Ergebnissen kommt der Verfasser? |

T = Tatsachen      Werden Tatsachen dargestellt oder Theorien aufgebaut?

E = Entbehrtes      Welche Erwartungen erfüllt der Stoff nicht?

I = Inhalt/Form      Wie verhalten sich Inhalt und Form zueinander? Ist der Stoff informativ oder weitschweifig?

N = Nutzen      Was nützt mir der Stoff für meine eigenen Belange? Welche Vorteile bringt das Wissen anderen?

### 1.2.3 Schreibtechnik

☐ Pro Satz nur eine Tatsache, einen Gedanken, eine Person, eine Orts- oder Zeitangabe!

☐ Kurze Sätze (je kürzer, umso verständlicher)!

☐ Kurze Wörter (nicht mehr als 3 Silben)!

☐ Hauptgedanke muß in den Hauptsatz!

☐ Keine Fremdwörter, Fachwörter (Fachjargon!) oder Abkürzungen ohne Erklärungen!

☐ Aktiv statt Passiv verwenden (Nicht: Man sagt, sondern: Viele behaupten ...)!

☐ Persönlich werden! (Das logische Subjekt des Satzes sollte immer eine Person sein! Je persönlicher, desto verständlicher!)

☐ Neues durch Altes (Beispiele, Vergleiche, Begriffe) erklären!

☐ Satzzeichen verwenden (als Regie- und Spannungseffekte)!

☐ Mehr Verben, weniger Substantive! (Nicht:„ ... erfolgte die Bearbeitung des Manuskripts", sondern:„ ... dann bearbeitete er das Manuskript")

## 1.3 Lesetechnik

Die Lesetechnik kann nur auf zwei Wegen verbessert werden:
1. durch eine Steigerung der persönlichen Lesegeschwindigkeit;
2. durch eine Verbesserung der persönlichen Lesemethode.

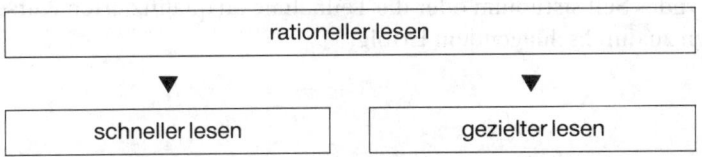

*Schneller lesen*

Die Lesegeschwindigkeit eines Normallesers – das ist ein Leser ohne ausge-
feilte Lesetechnik – liegt im Durchschnitt zwischen etwa 200 bis 250 Wörtern
pro Minute. Leser, die ihre Lesetechnik perfektioniert haben, erreichen
dagegen eine zwei- bis dreimal höhere Geschwindigkeit (500 – 750 Wörter pro
Minute). Und das, ohne daß darunter das Auffassungsvermögen leidet.

Die unterschiedliche Lesegeschwindigkeit von Normalleser und perfektem
Leser ist darauf zurückzuführen, daß beim Normalleser „schlechte Gewohnheiten" die Leistung blockieren, z.B.:

– buchstaben- oder silbenweises Lesen:
  manche Leser lesen – wie's Ältere noch in der Schule lernten – Buchstaben
  für Buchstaben oder Silbe für Silbe. Das Auge „hantelt" von Zeichen zu
  Zeichen, jeder Buchstabe oder jede Silbe wird zum Haltepunkt (Fixation).
  Das Lesen vollzieht sich stockend, das Lesetempo bleibt niedrig;

– lautloses Mitsprechen:
  sehr weit verbreitet ist die Angewohnheit, beim Lesen innerlich oder gar
  mit Lippenbewegungen mitzusprechen. Das Lesetempo bleibt auf das
  Sprechtempo begrenzt;

– wiederholendes Lesen:
  viele Leser greifen beim Lesen unbewußt immer wieder auf bereits gele-
  sene Textstellen (Wörter, Satzteile oder Sätze) zurück und lesen sie ein
  zweites vielleicht sogar ein drittes Mal. Der Leser „vermehrt" künstlich den
  Textumfang und reduziert das Lesetempo erheblich;

– oberflächliches Lesen:
  wer ertappt sich nicht gelegentlich dabei zu lesen, ohne aber den Textinhalt
  aufzufassen („Ich habe darüberhinweggelesen")? Die Augen lesen, die
  Gedanken schweifen ab. Die im Text enthaltene Information wird nicht
  aufgenommen, es sei denn, man liest den Text noch einmal nach.

Wer seine Lesegeschwindigkeit steigern will, muß sich von seinen Blockie-
rungen lösen. Dazu ist intensives Training nötig. Nur konzentriertes, lang-
dauerndes Selbststudium oder die Teilnahme an qualifizierten Kursen ver-
helfen zu durchschlagendem Erfolg.

*Gezielter Lesen*

1. Sehen Sie sich die Titel an, überfliegen Sie Inhaltsangaben, Klappentexte oder Kurzfassungen und legen sie beiseite, was Ihnen interessant und daher lesenswert erscheint. Geben Sie sofort weiter – unter Umständen an den Papierkorb –, was für Sie uninteressant ist. So werfen Sie mit einem Zeitaufwand von 5 bis 10 Minuten täglich „Ballast" ab.

2. Lesen Sie zunächst gezielt – selektiv. Jede Textart hat einen spezifischen Aufbau:
   - bei Nachrichtentexten in Zeitungen und Zeitschriften steht die wichtigste Information am Anfang. Nebensächliches am Schluß.
   - in Kommentaren ist die Schlußfolgerung des Autors, also die wesentliche Information, im Schlußabsatz zu finden;
   - in Fachartikeln wird üblicherweise in der Einleitung das Problem dargestellt, zu Beginn des Hauptteils ein Lösungsweg aufgezeigt und daran anschließend die Lösung erläutert.

   Kennt man diese Gesetzmäßigkeiten im Aufbau bestimmter Texte, so fällt es nicht schwer, zunächst auf die informationsträchtigen Textabschnitte zuzugreifen und dann zu entscheiden, ob man tiefer in den Text vordringen will oder nicht.
   Sie sparen durch gezielt-selektives Lesen bis zu 80% Lesezeit.

3. Überfliegen Sie Textstellen mit offensichtlich geringem Informationsgehalt und verlangsamen Sie ihr Lesetempo bei wichtigen Abschnitten.

4. Markieren Sie sofort beim Lesen alle wichtigen Textstellen mit einem Textmarkerstift durch Überstreichen.
   Der Text wird dadurch transparet und Sie machen es sich selbst, wenn Sie sich den Text später noch einmal vornehmen, oder nachfolgenden Lesern leicht, sofort auf das Wesentliche zu kommen.

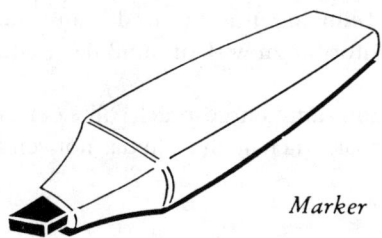

*Marker*

5.  Notieren Sie Ideen, die Ihnen beim Lesen kommen und die Sie verwerten oder weiterverfolgen wollen, sofort auf „Ideen-Zetteln" oder in einem „Ideen-Manual". Was nicht festgehalten ist, wird schnell vergessen!

6.  Sorgen Sie dafür, daß Texte wichtigen Inhalts aufbewahrt werden, und zwar so, daß sie sich auch wiederfinden lassen.

## 2. Das Lehrgespräch

Im allgemeinen wird ein Seminar als Lehrgespräch durchgeführt. Der Trainer führt die Gruppe in der geplanten Zeit durch ein von ihm gelenktes Gespräch zum Lernziel. Die Erarbeitung des Lehrstoffs ist eine Gemeinschaftsleistung. Der Leiter des Lehrgesprächs muß aber einen klaren Informationsvorsprung vor den Teilnehmern haben.

Die Kunst beim Lehrgespräch liegt darin, daß zwischen der Darstellung des Stoffes durch den Referenten und dem Gespräch mit den Teilnehmern im richtigen Verhältnis abgewechselt wird. Je weniger der Referent dabei zu sprechen braucht, desto größer ist der Nutzen für die Teilnehmer.

Das Lehrgespräch eignet sich vor allem bei bereits vorliegenden Erfahrungen der Teilnehmer, auf die aufbauend man neue Erkenntnisse entwickeln kann. Bei unbekanntem Lehrstoff ist es weniger geeignet, da zunächst eine Wissens-Basis geschaffen werden muß, bevor der Referent rückfragen kann.

Das Lehrgespräch ist kein reines Frage- und Antwortspiel. Neben der Frage steht die Lösung von Aufgaben, sei es, daß der Teilnehmer einen Zusammenhang herleiten, eine Sachlage beurteilen oder eine Entscheidung fällen und begründen muß. Dadurch wird er zum Mit-Denken und -Arbeiten angeregt und der ganze Ablauf wird belebt.

Durch Vereinfachen oder Teilen von Fragen kann man den Teilnehmern helfen, die richtige Lösung zu finden. Der Trainer soll dem Teilnehmer nicht die Antwort in den Mund legen. Auch sollte das Lehrgespräch nicht zum langen Dialog mit nur einem Teilnehmer ausarten, da sonst die anderen das Interesse verlieren. Ohne autoritär zu wirken, muß der Leiter das Lehrgespräch straff führen können.

Bei zu geringer Beteiligung am Lehrgespräch sollte der Trainer erst zum Vortrag übergehen, da offensichtlich noch nicht das notwendige Sachwissen vorhanden ist.

## 2.1 Fragetechnik beim Lehrgespräch

1. Jeder Fragesatz darf nur eine einzige Frage enthalten, damit die Teilnehmer nicht verwirrt werden. Sie wissen sonst nicht, worauf sie als erstes antworten sollen.
2. Alle Fragen müssen präzise abgefaßt sein; der Teilnehmer kann nur dann die Aufgabenstellung mit der nötigen Klarheit erkennen. Die Fragen sind möglichst knapp zu formulieren.
3. Die Teilnehmer müssen ausreichend Zeit zum Nachdenken erhalten.
4. Alle Fragen sind zunächst an die ganze Gruppe zu stellen. So fühlt sich jeder angesprochen. Ruft man dagegen schon einen Teilnehmer vorher auf, werden sich die anderen nicht mehr an der Lösung der Aufgabe beteiligen.
5. Bei richtigen Antworten sollte sich der Trainer anerkennend äußern, dabei aber nicht übertreiben.

# 3. Gruppenarbeit

Gruppenarbeit heißt, ein ausgewogenes Verhältnis zwischen Themenorientierung, Gruppenaktivität und Individuum herstellen (nach R. Cohn).

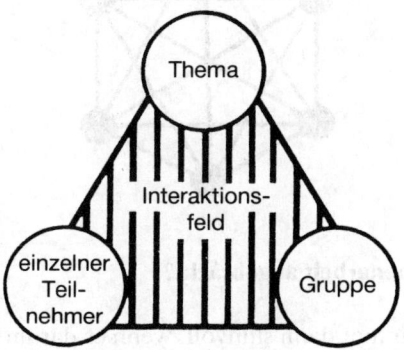

Gruppenarbeit soll

☐ größere Entwicklungsmöglichkeiten für den Teilnehmer bieten,
☐ die Selbständigkeit fördern,
☐ durch gegenseitigen Meinungsaustausch zur Sachlichkeit führen,
☐ die soziale Verantwortung fördern,
☐ auf zukünftige Situationen vorbereiten,
☐ das partnerschaftliche Verhalten fördern.

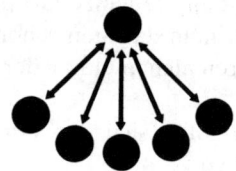

Vom Sprachmodell
zum
Kommunikationsmodell

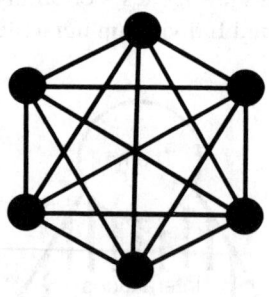

### 3.1 Wann ist Gruppenarbeit angebracht?

Gruppenarbeit ist immer dann sinnvoll, wenn es darum geht,
– Informationen auszutauschen,
– Ideen und Meinungen zu sammeln,
– vielschichtige Situationen und Probleme zu analysieren,
– schwierige Entscheidungen zu treffen.

Die Gruppenarbeit, die auch in einer guten Besprechung zum Tragen kommt, bringt bei Ideensammlung, Analyse und Entscheidung bessere Ergebnisse als Einzelarbeit, weil

- in der Gruppe die Informationsbasis größer ist,
- durch gegenseitige Inspiration die Kreativität der einzelnen Gruppenmitglieder angeregt wird,
- durch gegenseitige Kritik einzelne Ideen und Vorschläge gefiltert werden.

Da andererseits der Zeitaufwand für Gruppenarbeit erheblich höher ist als für Einzelarbeit, gilt es in jedem Fall abzuwägen, ob die Gruppenarbeit sinnvoll und damit vertretbar ist.

Wenn die Entscheidung *für* die Gruppenarbeit ausgefallen ist, zahlt es sich in jedem Fall aus, der Vorbereitung, Durchführung und Nachbereitung Zeit und Sorgfalt zu widmen.

### 3.2 Organisation der Gruppenarbeit

Wenn Sie Gruppenarbeit organisieren, sorgen Sie für

☐ einen geeigneten, möglichst störungsfreien Raum,

☐ eine kommunikationsfördernde Sitzordnung,

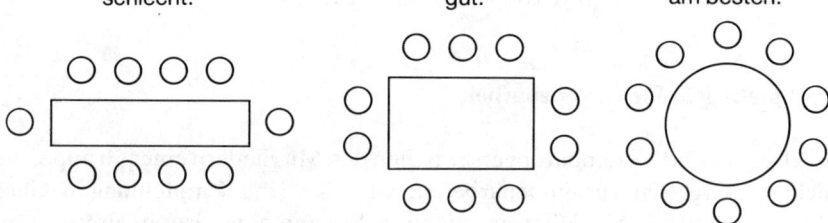

schlecht:          gut:          am besten:

☐ Visualisierungsmedien:
Tafel/Kreide,
Flipchart (Ständer mit großen Papierblättern),
Metaplanmaterialien (Kärtchen, Stifte, Pins und Pinwand),
Overheadprojektor.

Sprechen Sie mit den Teilnehmern ab,

☐ wer die Gesprächsleitung und wer die Protokollierung übernimmt (ungünstig: beides in einer Hand);

☐ ob bestimmte Kreativitäts- oder Entscheidungstechniken angewendet werden sollen (z. B. Brainstorming);

☐ ob für einzelne Diskussionsbeiträge die Sprechzeit begrenzt werden soll (z. B. auf 30 oder 60 Sekunden);

☐ wann Pausen eingeschaltet werden sollen;

☐ wann die Gruppenarbeit spätestens abgeschlossen wird.

Wenn Sie die Gesprächsleitung haben, achten Sie darauf, daß

☐ sich alle Teilnehmer in ausgewogenem Maße an der Diskussion beteiligen;

☐ die Diskussion „beim Thema" bleibt;

☐ Sprechzeitbegrenzungen eingehalten werden;

☐ „Killerphrasen" möglichst unterlassen werden (hängen Sie im Besprechnungsraum zur Abschreckung ein Plakat mit Killerphrasen auf, Muster siehe Seite 74);

☐ bei Anwendung von Kreativitäts- oder Entscheidungstechniken die dafür geltenden Regeln berücksichtigt werden;

☐ der Zeitplan eingehalten wird;

☐ Beschlüsse in Übereinstimmung mit allen Teilnehmern formuliert und protokolliert werden;

☐ Termine und Verantwortliche für die Realisierung der Beschlüsse bestimmt und im Protokoll vermerkt werden.

### 3.3 Spielregeln für Gruppenarbeit

Spielregeln sind Vereinbarungen zwischen den Mitgliedern einer Gruppe, die nicht hierarchisch zusammenarbeiten will. Sie sind Empfehlungen eines Gesprächshelfers. Mit Hilfe der Spielregeln kann eine Gruppe ihren Lern- und Arbeitsprozeß selbst organisieren und steuern. Die Gruppenarbeit wird für alle Beteiligten transparent, der Gesprächsverlauf wird beschleunigt. Die Spielregeln sind keine Disziplinierungsmaßnahmen für den Moderator. Es versteht sich von selbst, daß so verstandene Gruppenarbeit ein hohes Maß an Toleranz und Selbstdisziplin aller Gruppenmitglieder voraussetzt.
Die Spielregeln sind, wie die des Fußball- oder Schachspiels, erlernbar. Ihre Handhabung ist in gewissem Umfang an Verhaltenslernen gebunden. – Wir legen eine Spielregelliste an, die sich im Laufe der Gruppenarbeit vervollständigt. Jeder Teilnehmer wirkt an der Entwicklung mit.

Spielregeln könnten z. B. sein:

- ausreden lassen,
- zuhören,
- andere Meinungen tolerieren (respektieren),
- sachlich bleiben,
- keine persönlichen Angriffe,
- kurz fassen (beim Thema bleiben),
- niemandem die eigene Meinung aufdrängen,
- niemanden manipulieren wollen.

# 4. Ideensammlung (Brainstorming)

Das Brainstorming (von Alex F. Osborn in den dreißiger Jahren entwickelt und 1963 veröffentlicht) ist keine eigene Denktechnik, es ist ein formaler Rahmen zur Anwendung des kreativen Denkens. Es regt dazu an, Ideen-Assoziationsketten zu bilden („Das bringt mich auf die Idee ...").

## 4.1 Beschreibung

Optimal sieben, maximal zwölf Personen nehmen an einem Gruppengespräch teil, das bestimmten Regeln unterworfen ist. Die Sitzung soll nicht länger als 45 Minuten dauern; wenn innerhalb dieser Zeit keine Lösungsansätze sichtbar werden, laden Sie ein paar Tage später zu einer neuen Konferenz ein.
- Obwohl es für Sie vielleicht selbstverständlich ist: in jeder Sitzung wird nur *ein* Problem diskutiert.

## 4.2 Materialien

Es werden benötigt:
- Flipchart oder Tafel
- Pinwand oder Haftwand
- Meta-Plan-Kärtchen

– Notizpapier und Stifte für jeden Teilnehmer
– evtl. Kassettenrecorder oder Tonband

## 4.3 Ablauf

**Erster Schritt:** Definition
Der Sitzungsleiter (oder besser: der Auftraggeber, der das Problem stellt) definiert vor der Gruppe das Problem und notiert es auf dem Flipchart. Das Problem wird weder zu weit definiert (dies würde eine konkrete Lösung verhindern) noch zu eng gefaßt (es käme sonst kein Ideenfluß zustande).
Dauer: maximal fünf Minuten!

**Zweiter Schritt:** Sachfragen
Die Gruppe stellt Fragen zum Problem (noch keine Lösungsvorschläge! Spontane Ideen werden von jedem Teilnehmer notiert); der Sitzungsleiter (bzw. der Auftraggeber) beantwortet die Fragen, bis alle das Problem verstanden haben.
Dauer: fünf bis maximal zehn Minuten!

**Dritter Schritt:** Regeln
Der Sitzungsleiter erklärt die Regeln und notiert sie auf dem Flipchart (oder besser: hat sie vorbereitet):

*Der Phantasie sind keine Grenzen gesetzt:* Es soll alles, aber auch alles genannt werden, was einem einfällt, auch wenn es falsch oder lächerlich ist! (Fröhlichkeit! Blödeln ist erlaubt!)

*Vernunft und Logik spielen keine Rolle:* Vermeintlich bestehende Gesetzmäßigkeiten gelten nicht, deshalb kann sich auch keiner blamieren!

*Quantität geht vor Qualität:* Je mehr Ideen genannt werden, desto größer ist die Chance, daß eine gute Idee darunter ist!
Übrigens hat es sich gezeigt, daß die Qualität der Ideen mit der Quantität steigt und daß in der zweiten Hälfte des Brainstormings bessere Ideen kommen. Nutzen Sie diese Erkenntnisse!

*Kritik ist streng verboten:* Es darf (während der ersten Phase) keine Idee kritisiert bzw. beurteilt werden (weder an anderen noch an sich selbst), nicht verbal, nicht mimisch (Augenbrauen, Mundwinkel) und nicht durch Gesten (Handbewegung). Die Kritik ist aufzuschieben.

*Es gibt keine Urheberrechte:* Das Ergebnis ist Gruppenleistung, die Protokolle beinhalten keine Namen!

*Die Ideen sollen nicht ausgewalzt werden:* Möglichst hohes Tempo, keine Reden schwingen, ein paar Worte genügen, der andere soll angehört werden (Minimum an Zeit – Maximum an Ideen).

*Es soll deutlich und nicht durcheinander geredet werden:* Der Protokollführer muß Zeit haben, die Ideen zu notieren.

Dauer: etwa fünf Minuten!

**Vierter Schritt:** Kritiklose Phase
Die Sitzungsteilnehmer versuchen, möglichst viele Ideen zu entwickeln. Erwarten Sie noch keine Problemlösungen. Die Ampel steht für den Ideenfluß auf Grün! Also freie Fahrt. Ihre Frage: „Versuchen Sie, sich verschiedene neue Wege auszudenken, wie ...“
Übrigens: Die Frage: „Wie?“ ist wirkungsvoller als die Frage: „Warum?“

Dauer: 15 bis 30 Minuten!

**Fünfter Schritt:** Bewertung
Die Ideen werden bewertet (und nicht schon während des kreativen Teils der Sitzung!). Jetzt erst darf und soll kritisiert, analysiert, klassifiziert (und evtl. bereichert) werden. Jetzt steht die Ampel auf Rot!
Vorher werden die Beurteilungskriterien festgelegt, wie z.B. Realisierbarkeit, Stimmigkeit, Kosten u.ä.

**4.4 Sitzordnung beim Brainstorming**

Grundsatz: Jeder muß zum anderen Augenkontakt haben und alle müssen Flipchart, Pinwand oder Tafel einsehen. Deshalb sollte die Sitzordnung so aussehen:

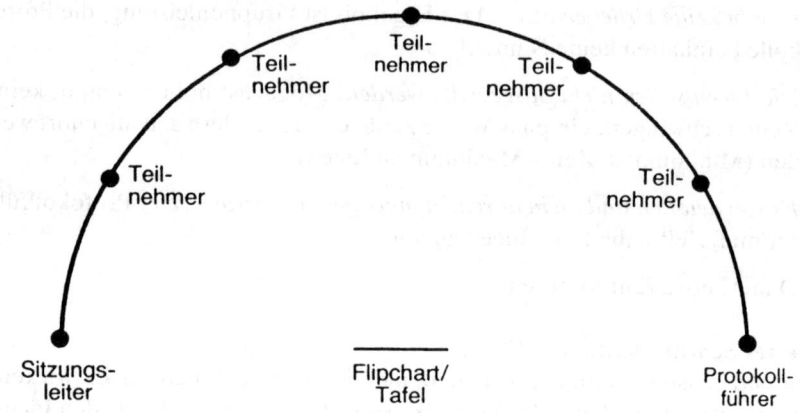

## 4.5 Killerphrasen „killen"

Killerphrasen sind Äußerungen bei Besprechungen, Gruppensitzungen, Diskussionen oder Erörterungen, die sich an Emotionen, nicht an die Ratio wenden. Ziel ist es, die gedankliche Weiterentwicklung einer Thematik zu blokkieren oder in eine dem „Killer" angenehmere Richtung umzulenken. Killer verfügen nicht nur über eine stattliche Anzahl socher Phrasen, sondern verstehen es auch, sie in verschiedenen Varianten vorzutragen: Witzelnd, trokken, scharf, erregt, erbost, verbittert.

Hier ist eine gewiß nicht vollständige Übersicht solcher Killerphrasen. Die Kenntnis dieser Phrasen soll Sie in die Lage versetzen, sie nicht anzuwenden. Sollte einem doch einmal spontan eine Killerphrase über die Lippen kommen, dann sich sofort entschuldigen. Wirksam ist auch, zu Beginn im Teilnehmerkreis zu vereinbaren, Killerphrasen, sowie sie fallen, auf Flipchart oder Tafel zu notieren. Aller Erfahrung nach wirkt diese „Veröffentlichung" Wunder.

*Beispiele:*

– Das haben wir schon immer/noch nie so gemacht!
– Das ist doch viel zu kompliziert/primitiv/gefährlich/teuer/riskant!
– Das können Sie (wir) doch gar nicht beurteilen!
– Das kann doch wohl nicht Ihr Ernst sein!
– Das ist doch gar nicht ihre Aufgabe!
– Das ist doch ein alter Hut!
– Das ist nicht zu verantworten!

– Dafür sind Sie doch viel zu jung/alt!
– Das kann in Berlin/ Köln/Hamburg gehen, aber nicht hier!
– Darum geht es doch gar nicht!
– Da fehlt Ihnen doch die Erfahrung!

# 5. Moderationstechnik

Die Moderations-Methode dient dazu, Gruppen bei kooperativen Planungs- und Lernprozessen *nondirektiv* zu steuern. Diese Steuerung geschieht durch den (die) Moderator(en). Die Methode basiert auf einer sinnvollen Verbindung von Visualisierung und Gruppensteuerung, wobei die Visualisierung zwar ein wichtiges Element, im Grunde jedoch nur das Vehikel ist, um Kommunikations- und Entscheidungsprozesse schriftlich festzuhalten, sowohl was die Entstehung als auch den Verlauf dieser Prozesse betrifft. Sie liefert außerdem eine knappe, rekonstruierbare Unterlage mit hohem Verpflichtungscharakter, was für den Transfer in die betriebliche Praxis sehr sinnvoll ist.

## 5.1 Vorteil der Moderationsmethode

– alle Beteiligten haben die gleiche Chance zur Mitwirkung, was deren Engagement fördert;
– die Dominanz einzelner wird erschwert;
– eine gute Verbindung affektiver und kognitiver Lernzielbereiche ist möglich;
– die wechselseitige Kleingruppen- und Plenumsarbeit aktiviert die Teilnehmer und sorgt für Dynamik des Lernprozesses;
– die Visualisierung erfordert Aufmerksamkeit, Beteiligung, andererseits aber auch Zustimmung oder Offenlegung von Konflikten;
– die Atmosphäre ist in der Regel aufgelockert, spontan.

Die Moderationsmethode ist auch für die Veranstaltung von Firmenmeetings als sogenannter Informationsmarkt sehr geeignet. So kann zum Beispiel die gesamte Führungsgruppe eines Unternehmens mit dieser Methode in mehreren Tagen eine Firmenphilosophie erarbeiten und sich mit ethischen Fragen der Unternehmenskultur und Mitarbeiterführung intensiv auseinandersetzen.

Moderation ist ein geeignetes methodischen Instrument, gerade dann, wenn die Komplexität eines Problems sehr groß ist und viele vom Problem betroffen und an der Lösung beteiligt sind.

### 5.2 Ablauf einer Moderation

Einstimmung der Gruppe

Schaffen von Problembewußtsein

Klarlegung verschiedener Interessen

Auflisten und Gewichten der verschiedenen Probleme

Bearbeitung der Ergebnisse der Gruppen vor dem Plenum

Präsentation der Gruppenergebnisse vor dem Plenum

Plenumsdiskussion

Eventuell gemeinsamer Aktionsplan für das spätere Vorgehen.

### 5.3 Der Moderator und seine Qualifikation

Mit dem Moderator steht und fällt die Gruppenarbeit. Seine Aufgabe ist es, für die jeweilige Situation der Gruppe und des Themas das geeignete methodische Element einzubringen. Es hat sich bewährt, besonders bei kritischen, konfliktträchtigen Themen Moderatoren auszuwählen, die kein eigenes Interesse an *bestimmten* Ergebnisse haben. Dadurch wird eine bessere Konzentration auf den Gruppenprozeß und eine höhere Akzeptanz durch die Gruppenmitglieder erreicht.

*Soll-Anforderungsprofil eines Moderators*

| | hoch | | | niedrig |
|---|:---:|:---:|:---:|:---:|
| | 3 | 2 | 1 | 0 |
| persönliche Ausstrahlung | | ● | | |
| kooperativ | | ● | | |
| Einfühlungsvermögen | ● | | | |
| Fachspezialist (Produktion etc.) | | ● | | |
| Generalist | | | ● | |
| Fachspezialist Lernstatt/OE | | | ● | |
| intellektuell | | | ● | |
| schnelles Auffassungsvermögen | | | ● | |
| wissenschaftlich orientiert | | | | ● |
| Ausdrucksvermögen/Überzeugungsstärke | | | ● | |
| zielgruppenorientiert | ● | | | |
| belastbar | | ● | | |
| diplomatisch | | | ● | |
| angepaßt | | | ● | |
| Durchsetzungsvermögen | | ● | | |
| Organisationstalent | | | ● | |
| improvisationsfähig/flexibel | | ● | | |
| delegationsfähig | | ● | | |
| ergebnis-/zielorientiert | | ● | | |
| karrierebewußt | | | ● | |
| konfliktfähig | ● | | | |
| persönliche Reife | | | ● | |
| Toleranz | ● | | | |
| kreativ | | ● | | |
| Kritikfähigkeit | | ● | | |
| Akzeptanz | ● | | | |
| Engagement | ● | | | |

Nach BMW-Lernstatt

## 6. Fallstudie

Die Fallmethode hat einen hohen Stellenwert in der beruflichen Weiterbildung. Fallstudien beinhalten, was früher unter „Übungen" verstanden wurde. Jede Fallstudie muß ein Lehrziel haben. Mit Fallstudien können Theorien erprobt und das Verständnis für verborgene Zusammenhänge geweckt bzw. vertieft werden. Nicht selten wird von den Teilnehmern versucht, zusätzliche Informationen zum Inhalt der Fallstudie zu bekommen. Darin liegt eine große Gefahr: Durch Zusatzinformationen ändert sich die Fallstudie und damit unter Umständen auch das Lernziel. Um die steigende Nachfrage zu befriedigen, hat die Zentrale für Fallstudien (ZfF) alle deutschsprachigen betriebswirtschaftlichen Fälle systematisiert und das Ergebnis in einer Bibliographie zusammengefaßt. Die Informationen zu den einzelnen Fällen sind so, daß ein Benutzer nach fachlichen und didaktischen Kriterien entscheiden kann, ob die Fallstudie für seine Zwecke geeignet ist.

Zentrale für Fallstudien e.V.
Schloß Gracht
5042 Erftstadt 1
Telefon 02235/406224

Archiv der Zentrale für Fallstudien e.V.
c/o RKW Rationalisierungskuratorium
der Deutschen Wirtschaft e.V.
Düsseldorfer Straße 40
6236 Eschborn
Telefon 06196/495-247/248

### 6.1 Fall: „Störendes Verhalten"

Der neue Abteilungsleiter Herr Neumann gibt sich burschikos. „Kontaktfreudig" bewegt er sich schulterklopfend bzw. „tätschelnd" zwischen seinen Mitarbeitern und Mitarbeiterinnen. Letzteren gefällt das keineswegs. Besonders Frau Müller fühlt sich dadurch unangenehm „berührt". Sie gibt es ihm auch zu verstehen.
Herr Neumann zeigt sich beleidigt. Jovial, aber bestimmt erklärt er ihr: „Haben Sie sich doch nicht so! Ich bemühe mich, nett und freundlich zu sein. Das werden Sie wohl akzeptieren können?"

Wie soll sich Frau Müller verhalten?

*Flüchten, akzeptieren, angreifen oder verändern?*

Wer dazu neigt, in einer solchen Lage defensiv zu reagieren, kann sich auf *Rückzug* einstellen. Er kann aber auch „klein beigeben", sich auf das störende Verhalten einstellen und sich damit arrangieren. Ist aber damit das Problem gelöst?
Ob Sie Frau Müller den Rat geben, *offensiv* zu agieren? Sie kann Bundesgenossen sammeln und indirekt eine Front gegen das störende Verhalten aufbauen. Anzugreifen ist sicherlich besser, als das Problem zu verdrängen. Aber als Risiko bleibt eine längere oder dauernde Beziehungsstörung zwischen Frau Müller und ihrem Vorgesetzten. Gut dürfte das weder für die Betroffenen noch die Arbeitsleistung sein.
Könnte nicht eine *sachliche Kritik* helfen? Am besten für beide wäre es, wenn es Frau Müller gelänge, ihren Chef zu überzeugen und ihn in seinem Verhalten zu beeinflussen. Das setzt bei Frau Müller ein hohes Maß an Selbstbewußtsein voraus.

**Was tun gegen störendes Verhalten?**

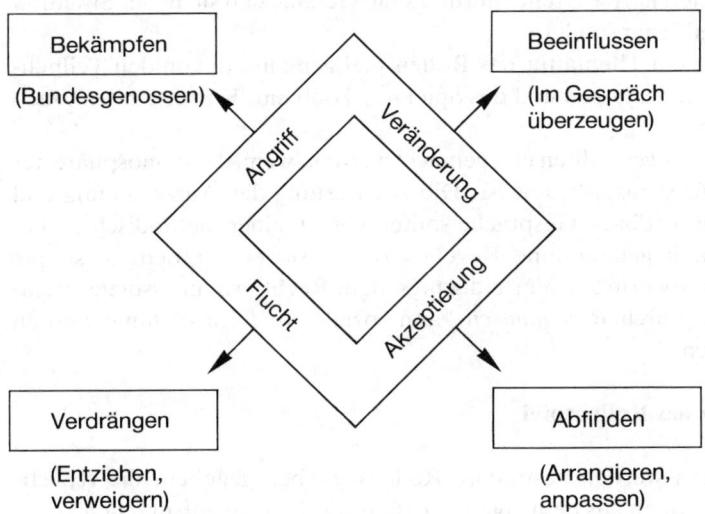

Geduld, Ausdauer, Standhaftigkeit und Zuversicht im Veränderungsprozeß zwischenmenschlichen Verhaltens können die betriebliche Zusammenarbeit verbessern.

Bei der Bearbeitung der Fallstudie „Störendes Verhalten" können diese Überlegungen in Gruppenarbeit und Plenumsdiskussionen behandelt werden. Für das Gespräch zwischen Frau Müller und Herrn Neumann empfiehlt sich ein Rollenspiel.

# 7. Rollenspiel

Besonders geeignet für das Verhaltenstraining ist das Rollenspiel, in dem die Teilnehmer vorgegebene Rollen in einer bestimmten Situation übernehmen. Dabei wird die Situation aus dem eigenen Erfahrungsbereich, zum Beispiel Kommunikation zwischen Vorgesetzten, Kollegen und Mitarbeitern simuliert. Nach dem „Spiel" wird das Verhalten der einzelnen „Spieler" gemeinsam ausgewertet.

Mit dem Rollenspiel können besonders Konfliktsituationen zwischen Menschen bearbeitet werden und sehr realitätsnahe Situationen entstehen. Bei manchen Teilnehmern besteht allerdings die Gefahr, daß sie in der Situation überziehen und schauspielern.

Sinnvoll ist es, ein Thema für das Rollenspiel gemeinsam von den Teilnehmern entwickeln zu lassen und das Spiel mit Tonband, Kassette oder Video aufzuzeichnen.

*Videoaufzeichnungen* sollten erst gemacht werden, wenn die Atmosphäre der Gruppe hierfür sozusagen reif ist. Die Auswertung der Aufzeichnung und entsprechende feedback-Gespräche sollten vom Trainer methodisch vorbereitet und durch gemeinsame Regeln davor gesichert werden, in simple gegenseitige Vorwürfe und Verteidigungs- oder Rechtfertigungsspiele auszuarten. Gerade durch *Rollentausch* kann soziales und Einstellungs-Lernen möglich werden.

## 7.1 Regeln für das Rollenspiel

1. Den Spielern werden bestimmte Rollenvorgaben gegeben, die realistischen Situationen aus dem eigenen Erfahrungsbereich entsprechen.
2. Die vorgegebene Situation wird gespielt, wobei die Spieler sich in ihre Rolle einleben, aber nicht schauspielern sollen.

3. Diejenigen, die nicht am Spiel beteiligt sind, übernehmen Beobachterfunktion aufgrund vereinbarter Kriterien.

4. Nach dem Spiel teilt der Spieler mit, wie er sich selbst und den Gegenspieler erlebt hat (Selbst- und Fremdbild).

5. Daraufhin stellen der/die Beobachter übereinstimmende und besonders abweichende Meinungen über die Analyse der Spieler fest.

6. Anschließend findet eine Diskussion statt (breites Meinungsspektrum).

7. Am Schluß faßt der Ausbilder die wichtigsten Aspekte zusammen und gibt Ratschläge für Verbesserungen.

# 8. Unterweisung am Arbeitsplatz

Jede Unterweisung sollte in drei Stufen vorbereitet werden:

1. Ziele formulieren
2. Unterricht planen
3. Erfolgskontrollen vorbereiten

## 8.1 Lernziele

Lernziele bedürfen einer konkreten und operationalen Beschreibung. Mager nennt es die Beschreibung des Endverhaltens des zu Unterrichtenden. Dabei darf nicht vom Lehrer ausgegangen werden, sondern es muß vom Lernenden aus dessen Zustand aktiv beschrieben werden.

Beispiel:
*falsch:* Ich werde den Teilnehmern das Ohm'sche Gesetz näherbringen.
(Es wird hier weder vom Lernenden ausgegangen, noch wird der Endzustand konkret formuliert.)
*richtig:* Die Teilnehmer sollen das Ohm'sche Gesetz anwenden können.

Eine *operationale Lernzielbeschreibung* sollte wie folgt aussehen:
Die Teilnehmer sollen Abrechnungen prüfen können.
Die Schüler sollen ein Gedicht aufsagen können.
Der Auszubildende soll eine Anlage montieren können.
Der Adressat soll ein Gewinde bohren können.
Wie der Einzelne nun an dieses konkret formulierte, operationale Lernziel kommt, ist dann Sache des geplanten Unterrichts.

Stellt man eine *Zielhierachie* auf, vereinfacht dies, Lernziele zu formulieren und eine spätere Erfolgskontrolle durchzuführen. Als oberstes Ziel steht demnach das *Leitziel*, zum Beispiel: Der Auszubildende soll die Gesellenprüfung bestehen. Wie und mit welchen Schritten dieses operationale Lernziel erreicht wird, ist nicht näher nachvollziehbar. Die Erfolgskontrolle ist jedoch eindeutig die Gesellen- oder Kaufmannsgehilfenprüfung. Die Planung betrifft den Durchlauf der Abteilungen.

Unter den Leitzielen liegen die *Grobziele*, zum Beispiel: Der Schüler soll die Bedeutung einer Unternehmung kennenlernen, oder: Der Auszubildende soll über den Sinn einer Registratur für einen sicheren Informationsfluß im Betrieb Bescheid wissen. Solche Grobziele sollten nie allein stehen. Sie müssen durch *Feinziele* konkretisiert werden.
Ein Grobziel kann nur einen Zwischenstand formulieren, zum Beispiel die Kenntnisse, die ein Schüler nach einem Ausbildungsabschnitt haben soll, oder das Wissen, das ein Auszubildender nach dem Besuch einer Abteilung haben sollte. Feinziele sind dann genauso abfragbar, zum Beispiel: Der Teilnehmer kann eine Zeichnung anfertigen, der Adressat kann eine Bilanz aufstellen.

Je nachdem, ob mit einem Lernziel mehr der Verstand, das Gefühl oder handwerkliche Fertigkeiten angesprochen werden, unterscheidet man drei *Lernzielkategorien*:

1. Lernziel aus dem *kognitiven Bereich* (von lat. cognoscere = erkennen)
   Kategorie des Denkens, des Wissens, des Erkennens, des Intellekts.
   *Beispiel*: Mitarbeiter soll die Bauteile eines Geräts aufzählen können.

2. Lernziel aus dem *affektiven Bereich* (von lat. affidere = einwirken, in Stimmung versetzen)
   Kategorie der Empfindung, der inneren Einstellung, der Motivation, des Gefühls.
   *Beispiel*: Mitarbeiter soll sich mit der Kultur seines Unternehmens identifizieren können.

3. Lernziel aus dem *psychomotorischen Bereich* (von griech. psycho = Geist, Seele und lat. motus = Bewegung)
   Kategorie des körperlichen, durch Muskelbewegung hervorgerufenen, Handelns.
   *Beispiel:* Mitarbeiter soll die Einzelteile einer Maschine zusammenbauen können.

## 8.2 Unterrichtsplanung

Die Formulierung der Lernziele strukturiert die *Lerninhalte*, sie ersetzt jedoch keine Planung. Voraussetzung für jede Planung ist die Analyse.

*Wie ist der Kreis der zu Unterrichtenden beschaffen?*
Ausschlaggebend hierbei ist das Alter der Adressaten, der Status, die Vorbildung.

*Welche Art der Fertigkeit ist zu vermitteln?*
Soll der Lernende manuelle Fertigkeiten beherrschen, wie das Feilen eines Quaders oder das Zusammensetzen einer Maschine, oder soll er soziointegrative Fähigkeiten erlernen, wie das Führen einer Projektgruppe.

*In welcher Form ist der Auszubildende anzusprechen?*
Durch Vermittlung psychomotorischer Fähigkeiten, Lernziel: Der Lernende soll einen Quader zu einem Zylinder feilen können. Form der Vermittlung: Üben, trainieren der psychomotorischen Fähigkeiten.

Bei dem vorgenannten Beispiel muß der Auszubildende nicht unbedingt den Sinn der Tätigkeit verstehen, es nützt ihm auch nicht viel, wenn er weiß, wie es geht, er muß es ausführen können. In diesem Fall ist üben oder trainieren die richtige Lehrmethode.

*Mit welcher Methode soll das Wissen oder Können vermittelt werden?*
Handelt es sich um einen erklärungsbedürftigen Lehrstoff, oder kann sich der Auszubildende den Lehrstoff anlesen? Ist es sinnvoll, das Wissen in einem Unterrichtsgespräch zu vermitteln, oder erreicht man das Lernziel einfacher per Frontalunterricht?
*Beispiel:* Der Lernende soll eine Bilanz erklären können.
Dieses Lernziel ist am einfachsten in einem Unterrichtsraum per Frontalunterricht an Beispielen zu erreichen. Etwaige Fragen werden am Unterrichtsende im Plenum beantwortet.

*Welchem Lerntyp gehört der Teilnehmer an?*
Diese Frage ist schwierig zu beantworten, da eine zufriedenstellende Antwort eine genaue Kenntnis der Lernenden voraussetzt. Dies ist nur bei speziellen Managementausbildungen und bei Einzelunterricht möglich. In der Lehrlingsausbildung sollte der Ausbilder sich jedoch bei der Vorbereitung von Begleitgesprächen und Abschlußgesprächen nach dem Erreichen bestimmter Lernabschnitte hierüber sehr intensiv Gedanken machen.

*Welche Lehrmittel sollen eingesetzt werden?*
Lehrmittel sind sämtliche Hilfsmittel, die den Unterricht unterstützen, also

nicht Bleistift und Papier, sondern zum Beispiel ein Buch, wenn der Auszubildende ein (visueller) Sehtyp ist. Ein Datenterminal, wenn die Bedienung einer EDV oder die Programmeingabe geübt werden soll. Ein Taschenrechner kann ein Lehrmittel sein, zum Beispiel zum Programmiertraining oder nur ein Hilfsmittel als einfache Rechenhilfe. Weitere Hilfsmittel sind Tafel, Flip-Chart, Overhead-Projektor, wenn sich der Ausbilder ihrer bedient, um den Unterrichtsstoff zu visualisieren. Arbeitet der Lernende damit, so ist es eine Hilfe für ihn, den Lernstoff zu beherrschen und daher ein Lehrmittel. Dieser Einsatz der Lehr- und Lehrhilfsmittel muß geplant werden.

Aufbauend auf die Antworten aus dieser Analyse kann dann die *Planung* erfolgen. Die Planung der Wissensvermittlung muß immer unter didaktischen Grundsätzen erfolgen. Grundgesetz jeder Didaktik ist der Satz
   *Vom Einfachen zum Schweren.*
In der Schule beginnt der Mathematikunterricht mit den Grundrechnungsarten, Prozentrechnen erfolgt erst wesentlich später. Die Vermittlung beruflicher Fertigkeiten muß nach den gleichen Gesichtspunkten erfolgen.

## 8.3 Erfolgskontrolle

Prüfungsaufgaben zur Erfolgskontrolle werden erst nach der Beschreibung des Lernziels ausgewählt und formuliert. Dies bedeutet, daß Lernziele abgefragt werden können.
Am einfachsten ist es, ein Lernziel in Frageform zu kleiden und abzufragen, bzw. die zu beherrschende Tätigkeit ausführen zu lassen, was jedoch in der Regel eine Menge Zeit von beiden Seiten erfordert. Außerdem hat diese Frageform häufig den „Prüfungsanstrich"; der zu Prüfende steht unter erheblichem Streß und die Möglichkeit, Fehler zu korrigieren, ist geringer.
Es empfiehlt sich daher, wenn möglich, Wissen in Form einer Unterhaltung, eines freien Gesprächs zu kontrollieren, zumal dabei auch eigene didaktische und methodische Fehler zur Sprache kommen können.
Ist ein Gespräch in dieser Form nicht möglich, so gibt es

*Aufgaben mit freier Beantwortung*
z. B. An welchem Fluß liegt Nürnberg?
Antwort: An der Pegnitz;

*Ergänzungsform*
Wasser besteht aus Wasserstoff und ...
Antwort: ... Sauerstoff;

*Korrekturform*
Eine falsche Behauptung wird korrigiert. Von dieser Form ist aus didaktischen Gründen abzuraten, da sich falsche Behauptungen oft als richtig einprägen können;

*Aufsatzform bzw. Skizzenform*
Beschreiben Sie die funktionellen Abläufe beim Datentransfer in einer Zen-
traleinheit. Zeichnen Sie eine Skizze dazu.

*die Richtig-Falsch-Form*
Eisen hat ein geringeres spezifisches Gewicht als Kupfer
Richtig/Falsch

das *Multiple-Choice-Verfahren* (Mehrfach-Wahl-Aufgabe)
Zu einer Frage gehören mehrere Antworten, von denen eine richtig ist. Bei
einem ähnlich modifizierten Verfahren gibt es mehrere Antworten. Es ist die
am einfachsten zu handhabende Methode.

Für die Leistungsüberprüfung nach dem Durchlaufen bestimmter Ausbil-
dungsabschnitte bieten sich sogenannte *lernzielorientierte Prüfungsaufgaben* an.

*Beispiel:* Der Adressat soll einen Scheck richtig ausstellen können.
*Ergänzungsform:* Füllen Sie den Scheckvordruck aus. Folgende Angaben
sollen vorhanden sein: ...
*Aufsatzform:* Geben Sie an, auf welche Punkte man beim Ausfüllen eines
Schecks zu achten hat.

Selbstverständlich muß hier kein Aufsatz geschrieben werden. Der Kandidat
zählt kurz in beschreibender Form die Details auf.
Sinnvoll ist es, den Auszubildenden eine Aufgabe ausführen zu lassen und
anschließend mit ihm seine Schwierigkeiten und Fehler zu besprechen. Dies
ist jedoch erst dann möglich, wenn Grundkenntnisse vorhanden sind, auf die
aufgebaut werden kann.

## 8.4 Die Demonstration

Diese Unterweisungstechnik spielt vor allem bei psychomotorischem Lernen
eine Rolle. Ein Fußballtrainer sollte etwas vormachen können. Ein Ausbilder
soll das Handhaben einer Feile demonstrieren können. Die Bedienung von
Terminals soll in „Fleisch und Blut" übergehen. Richtiges Vormachen ist hier
unerläßlich.

*Wichtig:* Bewegungen sollen deutlich und langsam unter besonderer Betonung wesentlicher Aspekte vorgemacht werden. Da ein Nachvollziehen dem Zuschauer fast nie auf Anhieb gelingt, empfiehlt es sich, eine Übung häufiger zu demonstrieren.

Dem Vormachen folgt das nachahmende Üben, bei dem die Idealform des Vorgemachten von Auszubildenden stets zum Vergleich herangezogen wird. Die Auszubildenden sollten angehalten werden, sich in Form von Rückkoppelungen selbst zu kontrollieren.

# V. Einsatz von Medien

*Medien bringen Leben!* Eine ansprechende Folie an die Wand projiziert, eine schematische Darstellung, ein Diagramm, ein kurzer Lehrfilm, ein Monitorbild – und schon ist Leben in einem Vortrag. Medien machen Informationen plastischer, anschaulicher, wirkungsvoller. Sie sind wie Rosinen im Kuchen: Sie machen das Ganze schmackhafter. Es gilt dabei „Ein Bild sagt mehr als 1000 Worte"!

## 1. Welche Medien gibt es?

Medien können grundsätzlich zwei Funktionen erfüllen: Eine unterstützende Funktion und eine steuernde. Hier wird nur von Medien mit unterstützender, bereichernder Funktion gesprochen. Im allgemeinen unterscheidet man dabei drei Gruppen: Auditive, visuelle und audiovisuelle Medien.

*Auditive:* Tonband, Schallplatte, Rundfunk

*Visuelle:* Bild, Folie, Dia, Tafel, Flipchart, Overhead-Projektor, Pinwand, Kartenabfrage (Metaplan), Arbeitsblätter

*Audiovisuelle:* Tonbildschau, Film, Video

Da der Trainer/Referent/Ausbilder nur die visuellen Medien selbst erstellt, wird hier besonders auf diese Medien eingegangen.

### 1.1 Tafel

Die Tafel ist das bekannteste Medium, da sie an die Schulzeit erinnert.

*Vorteile*

- große Schreibfläche,
- das Wesentliche kann sichtbar bleiben,
- Zusammenhänge können entwickelt werden.

Für die Arbeit mit der Tafel gelten bestimmte *Regeln:*

- auf saubere Fläche achten,
- die Zuhörer sollen sehen, was dargestellt wird,
- nicht zu lange den Rücken zeigen,
- groß und deutlich schreiben,
- warten, bis alle nachvollzogen haben,
- Farbe verwenden,
- nicht zur Tafel sprechen.

## 1.2 Tageslicht-Projektor (Overhead-Projektor, Arbeitsprojektor)

Der Arbeitsprojektor (Overhead-Projektor, Tageslicht-Projektor) wird bei Fachvorträgen immer häufiger eingesetzt.
Die wesentlichen *Vorteile* sind:

- einfacher Transport
- Vorbereitung der Folien,
- Blickkontakt zu den Zuhören.

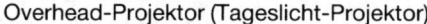

Overhead-Projektor (Tageslicht-Projektor)

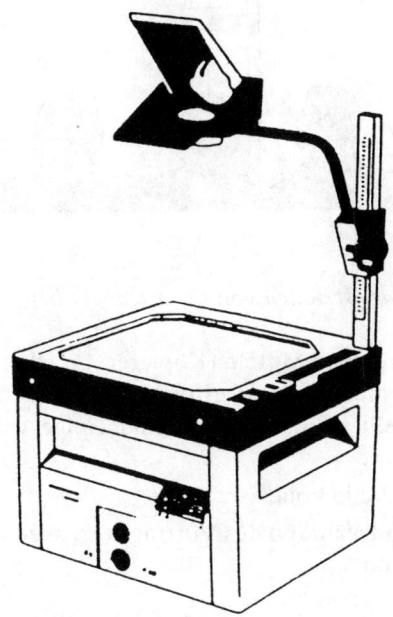

*Arbeitsprojektor-Techniken:*
Durch das Beschriften der Folie wird diese durch den Overhead-Projektor (auch Tageslicht-Projektor genannt) zum Tafelersatz;

Man kann die Folie gemeinsam erarbeiten;

kann sie abdecken;

aufklappen;

überlappen,

um damit, den Inhalt des Lernstoffes Stück für Stück den Teilnehmern zu verdeutlichen.

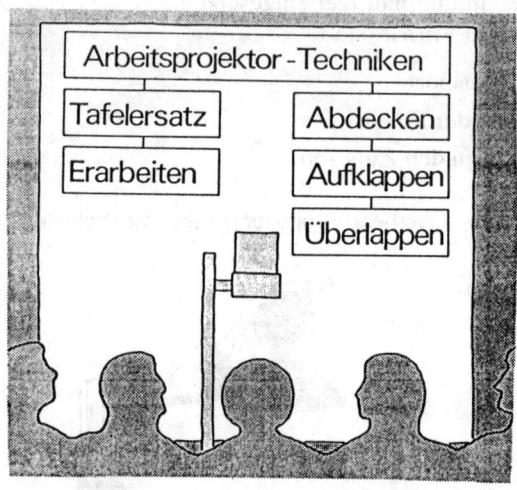

*1.2.1 Merkpunkte für das Gestalten von Overhead-Folien*

Folien können mit technischen Mitteln (Kopierer, Drucker, Fotografie, Personalcomputer) oder manuell (handschriftlich, Rubbelbuchstaben, selbstklebende Folien) hergestellt werden. Dabei sind einige wichtige Punkte zu beachten:

– Möglichst wenig Inhalte je Folie;
– Folien vorbereiten und während des Vortrages ergänzen;
– Kurze Aussagen darstellen;
– Signalwirkung erzeugen;
– Mit Farben unterlegen, da Schwarz-weiß-Folien ermüden.
– Grafiken, Pfeile, Diagramme, Skizzen, Symbole u. ä. verwenden (siehe Kapitel 6).

Schriftgröße: Möglichst keine Buchstaben unter 1 cm Höhe verwenden!

| Abstand von der Leinwand | Schriftgröße der Großbuchstaben |
|---|---|
| bis zu 10 Meter | mindestens 4mm |
| 11 bis 15 Meter | 10mm |
| 16 bis 20 Meter | 15mm |
| 21 bis 25 Meter | 20mm |

Wenn Sie maschinengeschriebene Folien verwenden, müssen sie für die Teilnehmer kopiert werden!

### 1.2.2 Erarbeitungstechnik

Bei der Erarbeitungstechnik haben Sie eine sogenannte *Urfolie* vorbereitet.

*Beispiel:* Medien eines Lehrsystems. Diese Urfolie enthält nur die leeren Kästchen und die Verbindungslinien. Über diese Urfolie wird bei der jeweiligen Veranstaltung eine *Blankfolie* gelegt.
In Interaktion mit den Teilnehmern werden nun die entsprechenden Punkte erarbeitet und in die Kästchen eingetragen. Nach dem Referat kann man die beschriftete Blankfolie in den Papierkorb werfen. Die Urfolie kommt in die Unterlagen und kann bei späteren Referaten etc. wieder verwendet werden.

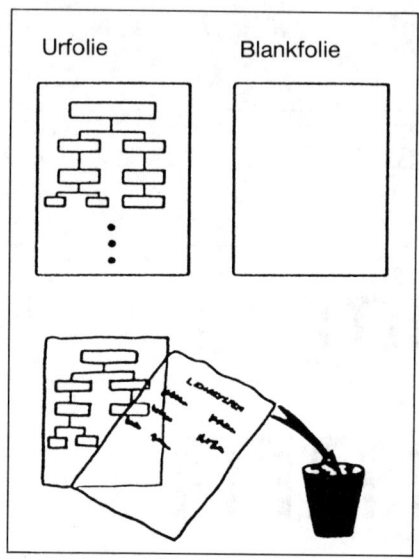

### 1.2.3 Abklapptechnik (Aufdecktechnik)

Auch bei vorgefertigten Folien ist die Möglichkeit des Entwickelns gegeben.
Bei der Abklapptechnik bzw. Aufdecktechnik werden Papierblätter so mit
Klebefilm am Rande der Folie befestigt, daß durch das Aufklappen eines
Blattes der gewünschte Ausschnitt aus der Folie sichtbar wird.
Diese Technik wendet man dann gerne an, wenn sichergestellt sein soll, daß
wesentliche Teile der Folie den Teilnehmern nicht versehentlich schon vorher
gezeigt werden.

### 1.2.4 Abdecktechnik

Bei der Abdecktechnik haben Sie vorbereitete Folien. Wenn Sie nun eine
Folie auflegen, dann kann jeder Teilnehmer den Inhalt der Folie ersehen
bzw. lesen. Dies liegt nicht in Ihrem Sinn, denn Sie wollen den Stoff erarbeiten.
Der Teilnehmer soll nur die Zeichnung sehen bzw. den Satz lesen, den Sie
dafür vorgesehen haben.
Mittels der Abdecktechnik können Sie dem Teilnehmer schrittweise Ihren
Stoff mitteilen. Zunächst decken Sie die Folie durch ein einfaches undurch-
sichtiges DIN-A4-Blatt ab. Die Information geben Sie nun durch ein stück-

weises Verschieben des Deckblattes frei. Der Teilnehmer der Veranstaltung sieht also nur das, was er im Augenblick sehen soll.

*Und so decken Sie nach und nach die Geheimnisse auf!*

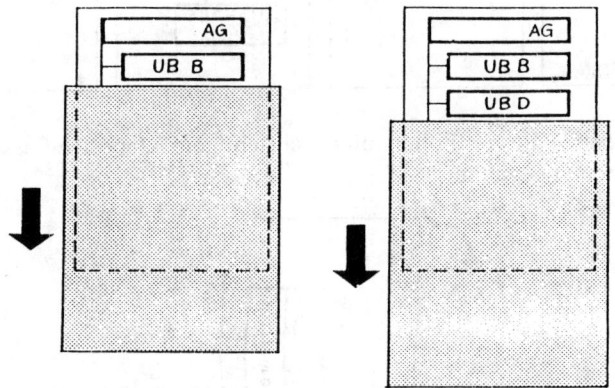

*Nach Siemens*

*Kleine Erfahrungshilfen:*
Wenn Sie das undurchsichtige Deckblatt auf die Folie legen, dann können Sie selbst nichts sehen.
Legen Sie das Deckblatt unter die Folie dann ist für die Teilnehmer der Effekt derselbe. Sie aber können die nächsten zu besprechenden Schritte schon lesen, bevor Sie die nächste Information durch Verschieben des Deckblattes den Teilnehmern mitteilen.
Außerdem kann Ihr Deckblatt noch zusätzliche Informationen zu den einzelnen Punkten enthalten – Sie haben also Erklärungen zur Verfügung.

## 1.2.5 Folien können auch „bewegte" Bilder ersetzen

Auch bei vorgefertigten Folien kann man noch „entwickeln" – braucht also nicht alles auf einmal zu bringen.
Angenommen, Sie wollen den Aufbau einer Datenverarbeitungsanlage vor den Augen Ihrer Zuhörer entstehen lassen. Zu diesem Zweck stellen Sie auf vier verschiedenen Folien jeweils einen Anlagenteil dar.

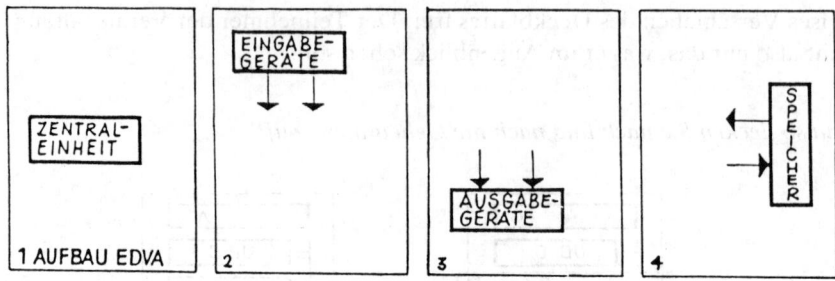

Dann kleben Sie die vier Folien mit durchsichtigem Klebestreifen so aneinander wie unten angegeben.

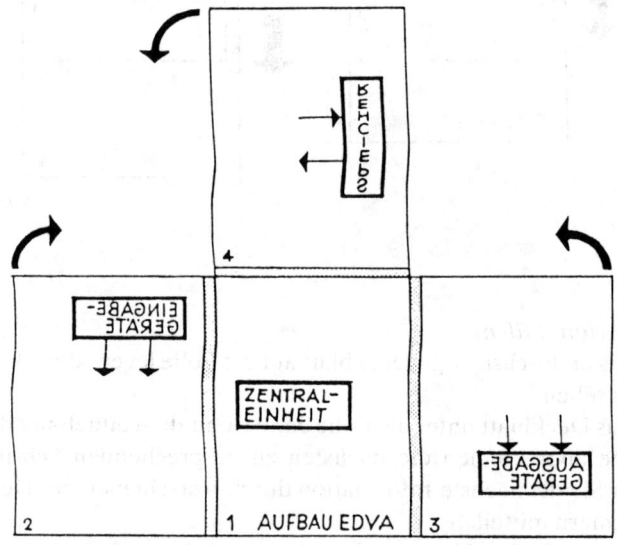

Sie legen zunächst die Folie 1 auf den Arbeitsprojektor, klappen denn Folie 2 nach rechts, später Folie 3 nach links und schließlich Folie 4 nach unten um. So sieht die Projektion aus, wenn alle vier Folien übereinander liegen.

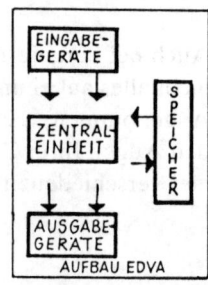

Quelle: Siemens, Aus Pädagogik und Unterrichtstechnik 1

So können Sie je nach Bedarf insgesamt bis zu acht Folien übereinanderlegen.

Bei anderen Anlässen können Sie auch alles auf eine Folie bringen und trotzdem „entwickeln". Sie decken die Folie zunächst durch ein einfaches undurchsichtiges DIN-A4-Blatt ab und geben die Information auf der Folie stückchenweise durch Verschieben des Deckblatts frei. So sieht der Zuhörer nur das, was er im Augenblick sehen soll.

### 1.2.6 Es müssen nicht immer Folien sein

Als erfahrener Vortragender wissen Sie, wie wichtig es ist, Gegenstände, über die man redet, auch einmal im Original zu zeigen. Oft sind solche Gegenstände aber sehr klein (z.B. ein Chip).
Wenn Sie so kleine Teile während des Vortrages einfach hochhalten, sehen höchstens die Personen in der ersten Reihe etwas. Und wenn Sie den Gegenstand herumreichen lassen – nun, Sie wissen ja –, dann sind immer einige Zuhörer zum ungünstigen Zeitpunkt damit beschäftigt und hören nicht zu.
Versuchen Sie es einmal so: Legen Sie den Gegenstand auf den Arbeitsprojektor und schalten Sie diesen ein. Nicht immer erhalten Sie dann eine gute und aussagekräftige Projektion (weil Sie nur die Umrisse sehen), aber doch öfter, als Sie vermuten.
Selbstverständlich muß man so etwas vorher ausprobieren!

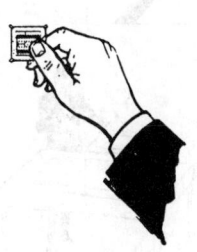

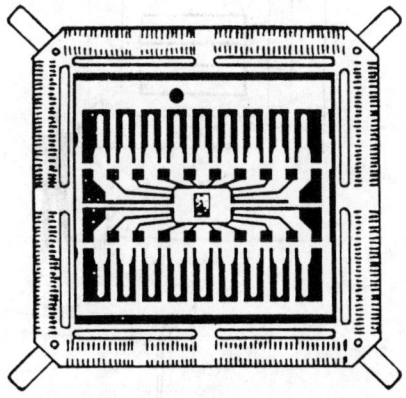

*Aus einem
kleinen Gegenstand ...*

*... wird ein großes Bild*

Lineal, Winkelmesser, Zeichendreieck, Schablone sind heute meistens aus durchsichtigem Plastikmaterial gefertigt und eigentlich damit ideal für das Arbeiten mit dem Arbeitsprojektor. Lehrmittelverlage bieten auch viele Modelle und Geräte, wie Zahnradkupplungen und Strommesser aus durchsichtigem Plastikmaterial an.

*Noch ein Hinweis zum Umgang mit vorbereiteten Folien*
Nutzen Sie auch hier den Vorteil: Augenkontakt zu den Zuhörern. Ihre Zuhörer schauen auf die Projektion an der Wand, *Sie* aber, nach einem kurzen Blick auf die Folie, wieder ins Auditorium. Und wenn Sie auf etwas zeigen wollen, dann nehmen Sie nicht aus alter Gewohnheit den Zeigestock und gehen zur Projektion an der Wand, bleiben Sie ruhig vor Ort und zeigen Sie mit einem spitzen Stift auf den Teil der Folie über den Sie gerade sprechen. Verharren Sie ruhig etwas mit dem Stift. Legen Sie ihn unter Umständen auf die Folie. Denn auch dieser Vorgang wird projiziert. Aber bitte nicht mit dem Finger auf die Folie zeigen, denn in der Projektion wird aus Ihrem Finger ein mittelgroßer Baumstamm.

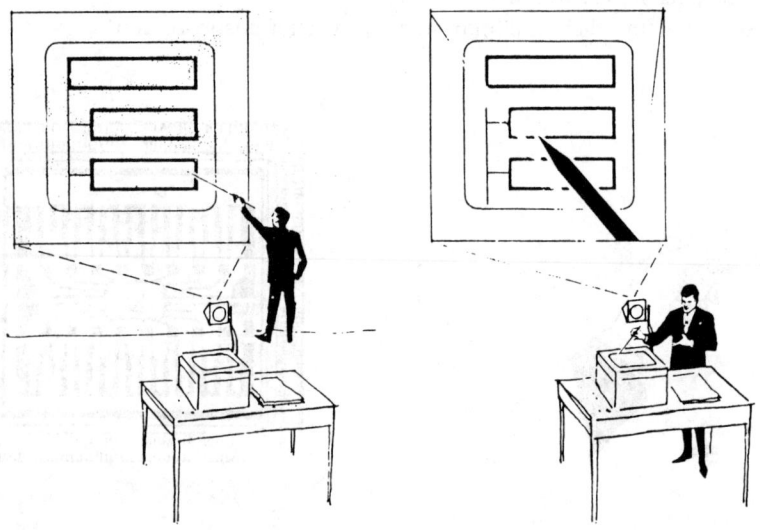

*Nicht so,*                                                    *sondern so!*

## 1.3 Flipchart

Ein Flipchart ist ein großer Schreibblock im Format DIN-A1, der an einem transportablen Gestell befestigt werden kann.
Damit die Schriften und Zeichnungen gut lesbar sind, sollte man deutlich mit dicken Filzstiften schreiben. Die beschriebenen Blätter (Charts) kann man abtrennen (flippen). Diese „Charts" können als sichtbares Protokoll an die Wand geheftet werden.
Den Flipchartständer kann man als Standgerät oder als Tischgerät einsetzen.
Das Standgerät (DIN-A1) ist in der Praxis sehr verbreitet. Die Teilnehmerzahl ist dabei auf 12 Personen begrenzt. Bei Gruppenarbeit können mit dem Flipchartständer gemeinsam erarbeitete Ergebnisse gut visualisiert werden.
Bei Verkaufsgesprächen im „kleinen Kreis" hat sich der Tischflipchartständer (DIN-A4) sehr bewährt. Er erlaubt es, Informationen aus Prospekten und selbsterstellte Blätter in wirksamer Form zu präsentieren.

*Flipchart*

Mit dem Flipchart können Sie Anregungen aus dem Teilnehmerkreis notieren. Bitte beachten Sie bei der Arbeit am Flipchart folgende Punkte:

1. groß genug schreiben und zwar lesbar bis zur letzten Reihe (fragen, ob die Schrift groß genug sei!);
2. Flipchart nicht mit dem Körper verdecken;
3. deutlich schreiben bis zum Schluß;
4. Übersichtlich anordnen, Farben einsetzen, durchnummerieren.


### 1.4 Pinwand und Hafttafel

Die *Pinwand* wird vorwiegend bei Gruppenarbeit eingesetzt. Sie besteht aus einer weichen Grundlage, auf die mit Hilfe von Stecknadeln Kärtchen, Blätter und Symbole aufgesteckt werden.
Die Elemente der *Hafttafel* werden nicht gesteckt, sondern durch Magnetplättchen oder Klebeflächen an der Tafel befestigt. Die Elemente müssen daher in den meisten Fällen intensiver vorbereitet sein.

*Pinwand*  *Hafttafel*

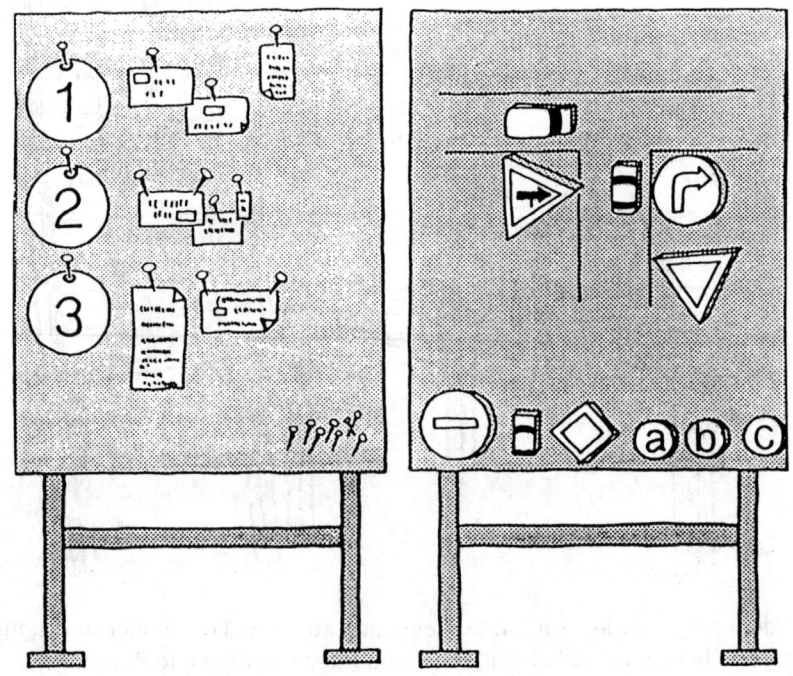

## 1.5 Kartenabfrage (Die Metaplan-Technik)

Die Metaplan-Technik ist eine Ideen- und Stichwortsammlung durch Kartenabfrage. Sie will die Verständigungsprobleme in Gruppen methodisch beheben.
Ihr Werkzeug (Karten, Pinwand, Flipchart, Stifte, Stecknadeln, Klebepunkte u. a.) dient der Ideenfindung, Meinungsbildung und Visualisierung.
Der „Moderator" koordiniert die Gruppe und sorgt für einen systematischen Ablauf.

**Wie wird vorgegangen?**

Die Gesprächsgruppe wird unterschieden in Plenum und Untergruppen.

Die Untergruppen erhalten zu erarbeitende Aufgaben.

Nach Ablauf einer festgesetzten Zeit müssen die Untergruppen dem Plenum ihre Lösungsvorschläge vorstellen.

Dies geschieht im Rahmen von Scenarios mithilfe visueller Mittel (Stecktafel, Flipchart usw.)

Im Plenum sollte sich jeder Teilnehmer an die maximale Redezeit von 30 Sekunden halten.
Längere Diskussionsbeiträge sind nur angebracht bei schwierigen und komplexen Themen und bei sehr heterogenen Gruppen.

Der Moderator ist aufgefordert, in Form von Fragen Denkanstöße zu vermitteln.

**Welche Ziele werden damit verfolgt?**

Die Aufteilung in Gruppen soll alle Teilnehmer aktivieren und mehr Wortmeldungen ermöglichen.

Im Plenum werden die Anregungen der Gruppen aufgenommen und vervollständigt.

Diese Regel dient dazu, mehr Wortmeldungen zu ermöglichen und Ausschweifungen zu vermeiden.

Fragen engen nicht ein , sondern führen weiter.

**Wie wird vorgegangen?**

**Welche Ziele werden damit verfolgt?**

Es besteht auch die Möglichkeit *schriftlich* das Wort zu ergreifen. Dies geschieht in Form von Karten, die vom Teilnehmer beschrieben und an eine Tafel gesteckt werden können. Dabei sollte beachtet werden, daß

– jeweils nur ein Argument (evtl. mit Gegenargument) auf einer Karte steht,

– die Botschaft aus nicht mehr als sieben Wörtern oder drei Zeilen bestehen soll.

Der Moderator soll über den gesamten Diskussionsablauf hinweg wichtige Aussagen schriftlich sammeln.

– Es kommen mehr Teilnehmer zu Wort,

– der Teilnehmer ist gezwungen, sich auf das Wichtigste zu beschränken,

– es wird Zeit gespart,

– Gedanken werden visualisiert.

Aus dieser Aussagensammlung, den Karten der Teilnehmer und den schriftlichen Ergebnissen der Scenarien entsteht ein umfassendes Simultanprotokoll, das jedem Teilnehmer am Schluß der Gruppenarbeit zur Verfügung steht.

Das Geschriebene muß auf 6–8 Meter noch lesbar und leicht aufnehmbar sein.

Deswegen ist es ratsam

– fett zu schreiben,

– keine Schreibschrift zu verwenden, sondern

– einzeln in Klein- und Großbuchstaben zu schreiben,

– Überschriften und alles andere Wichtige mit größerer oder roter Schrift hervorzuheben.

Die Teilnehmer können sich ganz auf die Diskussion konzentrieren, da der Zwang zum Mitschreiben entfällt. Die Gruppe hat ständig einen Überblick über den Gesprächsverlauf.

Die Aufteilung der gesamten Thematik in einzelne Problembündel geschieht in der Regel schriftlich.

Wenn sich alle zugleich auf Karten äußern, hat das die Wirkung, daß

– sich alle konzentrieren müssen,

## Wie wird vorgegangen?

Dabei schreibt jeder seine Gedanken und Ideen auf seine Karten.
Jede Karte wird vorgelesen und inhaltlich zu einem bestimmten Oberbegriff zugeordnet.

Es wird unterschieden in
- Ideen = Problemliste für ungeklärte Fragen
- Maximen = Maximenliste für offene Empfehlungen
- Richtlinien = Richtlinienkatalog für feste Empfehlungen
- Befehle = Tätigkeitskatalog für eine personell und zeitlich festgelegte Handlungsweise

Auf diese Weise werden je nach Wichtigkeit Reihenfolge und Zeitaufwand aller Folgeaktivitäten festgelegt.

Wichtig ist, daß während der Gruppenarbeit eine gute Stimmung herrscht. Jeder Teilnehmer macht deswegen jeden Morgen und Abend eine Aussage über seine derzeitige Stimmung.
Helle Räume, in denen sich jeder frei bewegen kann, wirken sich positiv auf die allgemeine Stimmungslage aus.

Am Ende der Gruppenarbeit werden die Ergebnisse mit dem Erwarteten verglichen.

## Welche Ziele werden damit verfolgt?

- keine Beeinflussung durch Meinungsmacher entsteht,
- die Äußerungen spontan gemacht werden,
- Themenvielfalt erreicht wird,
- die Meinungsstrukturierung offenbar wird, weil Gemeinsamkeiten ersichtlich werden.

Gute Stimmung verstärkt die Intensität und Kreativität der Arbeit.

Die Interaktion der einzelnen Teilnehmer wird verdichtet.

Die Gruppenarbeit unterliegt einer ständigen Korrektur.

*Metaplankarte in Original-Größe*

Schreiben Sie

## 2. Arbeitsunterlagen

Jeder Teilnehmer ist in seiner Konzentration behindert, wenn er versucht, sein Gedächtnis durch Mitschreiben zu unterstüzten.
Deshalb arbeitet der Referent Arbeitsunterlagen aus. Sie sollen – und das ist das wesentliche Kriterium für die Arbeitsunterlagen – das Mitschreiben auf kurze Notizen beschränken. Außerdem sind sie eine Informationsquelle für später.

Manuskriptteile sind:

– Übersicht
– Arbeitsteil
– Zusammenfassung
– Literaturangaben

*Übersicht:*
Hier soll der Inhalt strukturiert werden, um die Handhabung des Manuskripts zu erleichtern und somit den Lernerfolg zu sichern. Die Übersicht

stellt einerseits eine Hilfe für den Teilnehmer dar, andererseits zwingt sie den Referenten, das Konzept seines Seminars genau zu durchdenken, sich über die Lernziele Gedanken zu machen, so daß Inhalte nicht unverbunden nebeneinanderstehen, sondern logisch verknüpft sind. Die kürzeste Form der Übersicht wäre ein Inhaltsverzeichnis mit Seitenangabe.

*Arbeitsteil:*
Der Umfang des Arbeitsteiles sollte den einzelnen Referenten überlassen bleiben, denn dies ist abhängig von Form und Inhalt des Seminars. Die Arbeitsunterlage enthält nicht mehr (aber auch nicht weniger) als in der Veranstaltung behandelt wird.
Grundsätzlich sollten aber darin enthalten sein:
Text, der das nötige Grundwissen liefert, evtl. erklärende Zeichnungen und Diagramme, deren Format nicht zu groß sein sollte, damit sie in den Text eingebaut werden können.
Fragen, anhand derer der Stoff gemeinsam mit der Gruppe erarbeitet werden kann. Dabei sollte der entsprechende Platz für die Beantwortung der Frage freigelassen werden. Indem der Seminarteilnehmer Antworten und Teilergebnisse selbst notieren muß (und auch selbständig formulieren), ist er aktiver am Seminargeschehen beteiligt, was sich in seiner Konzentration und schließlich in seinem Lernerfolg niederschlägt.
Der Arbeitsteil, mit Text, Skizzen und Fragen, sollte in eine logische Anordnung gebracht werden, dabei aber dem realen Seminarablauf folgen. Dies zwingt den Dozenten zu sorgfältiger Planung.

*Zusammenfassung:*
Die Zusammenfassung sollte in knapper Form das wiedergeben, was im Arbeitsteil angesprochen und erarbeitet wurde. Mindestvoraussetzung ist hierbei, daß alle aufgeworfenen Fragen des Arbeitsteils ausführlich beantwortet werden. (Frage/Antwort oder in Form einer Abhandlung). Inwiefern der Referent Zusatzinformationen gibt, ist in sein Ermessen gestellt. Es wäre auch möglich, daß Kontrollfragen angehängt werden, damit der Teilnehmer sein Wissen selbst kontrollieren kann.
Die Zusammenfassung gibt dem Teilnehmer die Möglichkeit, den Seminarinhalt nach gewisser Zeit zu wiederholen, wobei er die im Seminar vermittelten Inhalte in übersichtlicher Form nachlesen kann.

*Literaturangaben:*
Eine Literaturliste ergänzt die Arbeitsunterlage, indem sie dem Teilnehmer ermöglicht, sich über den Rahmen des Seminars hinaus zu informieren. Die

Literaturliste sollte demnach zumindest alle im Manuskript erwähnten Autoren (auch die von Zeichnungen und Diagrammen) aufführen, weiter sollten
die Standardwerke zu den speziellen Themen darin enthalten sein.
Alle Literaturangaben sind nach folgenden Angaben zu ordnen:

– Autor
– Titel
– Verlag
– Erscheinungsort
– Erscheinungsjahr.

# 3. Zusammenfassung der visuellen Hilfen

Der Einsatz von didaktischen Hilfsmitteln wird zumeist überbetont – „eine
Folie mehr und es wäre ein Spielfilm", ist ein darauf abzielender Pädagogen-
witz. Es sollte vermieden werden, daß der Dozent eine Folie auflegt und sich
dann zwischen Folie und Teilnehmergruppe aufhält! Es sollte vermieden werden, mit Fingern auf der Folie herumzutasten; in Fällen, wo verbales „Zeigen" nicht genügt, sollten Zeigestöcke o. ä. verwendet werden. Grundsätzlich
sollte der Overhead-Projektor nur dann eingesetzt werden, wenn Basisinfor-
mationen und Erklärungen weder in der direkten, zweigleisigen Interaktion,
noch durch Arbeitsunterlagen o. ä. gegeben werden können. Der Einsatz des
Flipcharts in Verbindung mit einem „Protokollführer", der Gruppenergebnisse sichtbar auflistet, ist zu begrüßen – ebenso wie eine „Anreicherung" der
Hilfsmittel durch Software (Bild/Ton).
Damit nichts schiefgeht, beachten Sie noch einmal die folgenden Hinweise.

*Praxisorientierte Hinweise für den Einsatz visueller Hilfen*

(1) *Niemals visuelle Hilfen ohne vorherige Probe verwenden:*
- Technische Voraussetzungen prüfen. Bei Projektion:
  Steckdosen, Verlängerungsschnüre, Lichtverhältnisse, Ersatzbirne,
  schreibfähige Stifte.
- Reihenfolge festlegen; darauf achten, daß Folien nicht über Kopf lie-
  gen.
  Festlegen, wo und wie vorbereitete Charts angebracht werden.
- Wirkung kontrollieren (Helligkeit, Lesbarkeit).

② *Sicherstellen, daß visuelle Hilfe bei der Verständigung wirklich helfen kann und nicht etwa hindert:*

- Einfach und verständlich, max. 10 Zeilen auf ein Chart, max. 6 Zeilen auf eine Folie.
  Nur eine Idee auf einmal!
- Farben, (max. 2 – 3). Auch ganzfarbige Folien sind zu empfehlen, aber nur helle Farben: gelb, hellblau.
  Folien von original beschriebenen Seiten geraten nicht so gut, wie von Fotokopien.
  Verschiedene Buchstabengrößen und -formen;
  Unterstreichungen etc. zur Betonung der Kerninformation verwenden.
- Visuelle Hilfe nur so lange einsetzen, wie bei der Präsentation darauf Bezug genommen wird. (Flip-Chart umschlagen, Projektor ausschalten.)

③ *Visuelle Hilfen gezielt einsetzen:*

- Visuelle Hilfen erst zeigen, wenn sie „an der Reihe" sind. Bei Charts: Leerblätter zum Abdecken einplanen; bei Folien: Projektor ausschalten.
- Leerstellen für Entwicklungsmöglichkeiten vorsehen; evtl. Übereinanderprojektion bei Folien.
- Verschiedene visuelle Hilfen kombinieren (Flip/Projektor, Tafel/ Flip, Hafttafel/Flip).
- Muster oder Modelle nicht während des Vortrages herumreichen. Besser: Hochhalten und allen zeigen. Oder bis zum Schluß der Ausführung damit warten.
- Charts mit Grundsatzinformationen (Zielsetzung, Gliederung des Vortrages, Ablaufplan, Zeitplan usw.) die ganze Zeit der Präsentation über sichtbar lassen.

④ *Allen Zuhörern freie Sicht auf die visuellen Hilfen geben:*

- Seitlich stehen (z. B. so, daß beim Schreiben auf Chart der eigene Körper das gerade Geschriebene nicht verdeckt; beim Arbeiten am Tageslichtprojektor ebenfalls leicht seitlich stehen oder sitzen).
- Zeigestab verwenden (bei Projektion: möglichst auf Projektionsfläche und nicht auf Leinwand zeigen, – Blickkontakt!).
- Zuhörer ansehen und zu *ihnen* sprechen (nicht etwa zum Flip-Chart oder zur Leinwand!).

⑤ *Visuelle Hilfe wirken lassen:*

- Bei der Handhabung der visuellen Hilfen (Diawechsel, Hafttafelbild, Schaublatt umwenden etc.) kurze Pause, damit Teilnehmer die visuellen Hilfen ohne Ablenkung ansehen können (insbesondere bei Texten), – dann weiterreden.

- Visuelle Hilfen zur Unterstützung der Ausführung verwenden, nicht Ausführungen zur Unterstützung der visuellen Hilfen!

- Prüfen, ob visuelle Hilfen (techn. Zeichnungen, Ablaufpläne, statistische Darstellungen) richtig erkannt und verstanden werden. Abkürzungen erklären!

⑥ *Lauter als normal sprechen:*

- Die Aufmerksamkeit des Zuhörers ist geteilt (Visuelle Hilfe und Referent), darum lauter, eindringlicher, langsam und deutlich sprechen.

- Bei abgedunkeltem Raum (z.B. bei Dia-Vorführung) ist erst recht größere Lautstärke erforderlich. Referent ist nicht mehr sichtbar, nur noch hörbar!

# VI. Darstellungstechniken

## Präsentation

Durch die Präsentationstechnik wird aus dem Zuhörer ein Zuschauer.
Die Kriterien beim Aufbau einer Präsentation sind der *Anlaß*, die *Zielgruppe*
und das *gewünschte Ergebnis*. Nach diesen Faktoren richtet sich die Technik.
Der Einsatz visueller Mittel muß wohldosiert werden. Weniger ist mehr!
Beschränken Sie sich bei der Vorführung auf wenige Bilder, die einfach
gestaltet sind. Sie können die Folien vorbereiten oder auch vor den Teilnehmern entwickeln. Achten Sie darauf, daß das gesprochene Wort nicht zu kurz
kommt. Das Schreiben und Zeichnen während des Vortrags wirkt spontan
und beteiligt die Zuhörer stärker. Bemühen Sie sich nicht, Perfektion beim
Zeichnen zu beweisen. Die Zeichnung muß nicht qualitativ perfekt sein. Verzichten Sie auf Lineal und Schablonen. Die Spannung beim Entstehen der
Zeichnung ist wichtiger als die Qualität. Lustige Darstellungen lockern auf
und sprechen die Gefühlsebene an. Hier sind einige einfache Beispiele.

| | |
|---|---|
| Sie kommen mit 20 % weniger Energie aus. | |
| Sie erweitern Ihren Marktanteil innerhalb eines Jahres von 25 auf annähernd 40 Prozent. | |
| Ihr Materialverbrauch verringert sich um mindestens ein Achtel. | |
| Worauf sind Sie heute in erster Linie bedacht, Herr Kunde? Auf äußerste | RATIONALISIERUNG |
| Unsere Rabattstaffel beträgt je nach Auftragsmenge: | 32 %   34 %   37 % |

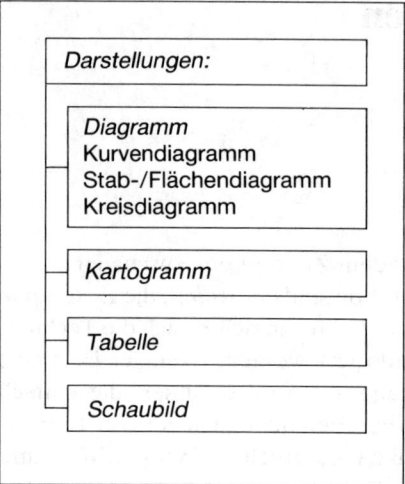

Grundlagen für die Informationsweitergabe sind *Sprache* und *Bild*.

Der Vorteil einer „bildhaften Sprache" ist uns bekannt. Mit Hilfe von Bildern – die wir in jeden Vortrag als festen Bestandteil mit einbeziehen sollten – können wir *verwickelte Vorgänge unkompliziert* darstellen.

*Ein Bild bleibt besser im Gedächtnis!*

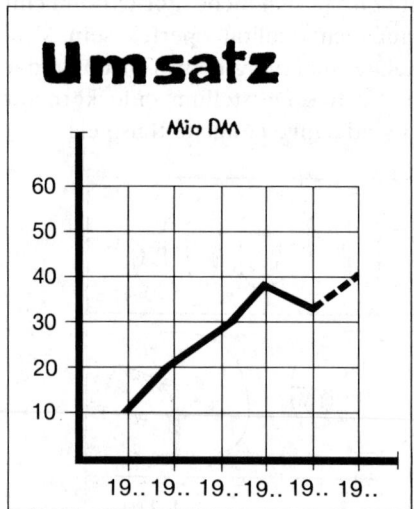

Das *Diagramm* bedient sich zur Darstellung von Größenvergleichen des Koordinatenkreuzes

Ordinate = Y-Achse

Abszisse = X-Achse

Die Abszisse enthält meistens die Zeitinformation.

*Kurvendiagramme* werden da eingesetzt, wo eine kontinuierliche Zahlenreihe vorliegt.

Der *Maßstab* ist wichtig, da der optische Eindruck der Kurve wirkt.

Die im Diagramm dargestellten Reihen müssen miteinander in Beziehung stehen.

# 1. Kurvendiagramm

*Kurvendiagramme* eignen sich für das Darstellen fortlaufender Zahlenreihen. Es ist besonders auf den richtigen Maßstab zu achten, da der optische Eindruck der Kurve wirkt.
Die dargestellten Reihen müssen miteinander in Beziehung stehen.
Verwendet man ein Diagramm mit mehreren Kurven, sind sie farblich zu unterscheiden.
Bei Kurvendiagrammen kann „manipuliert" werden, da es keine feste Regel gibt, die den Maßstab für die Unterteilung von Ordinate und Abszisse festlegt. Man sollte aus Gründen der Korrektheit den gleichen Maßstab verwenden.

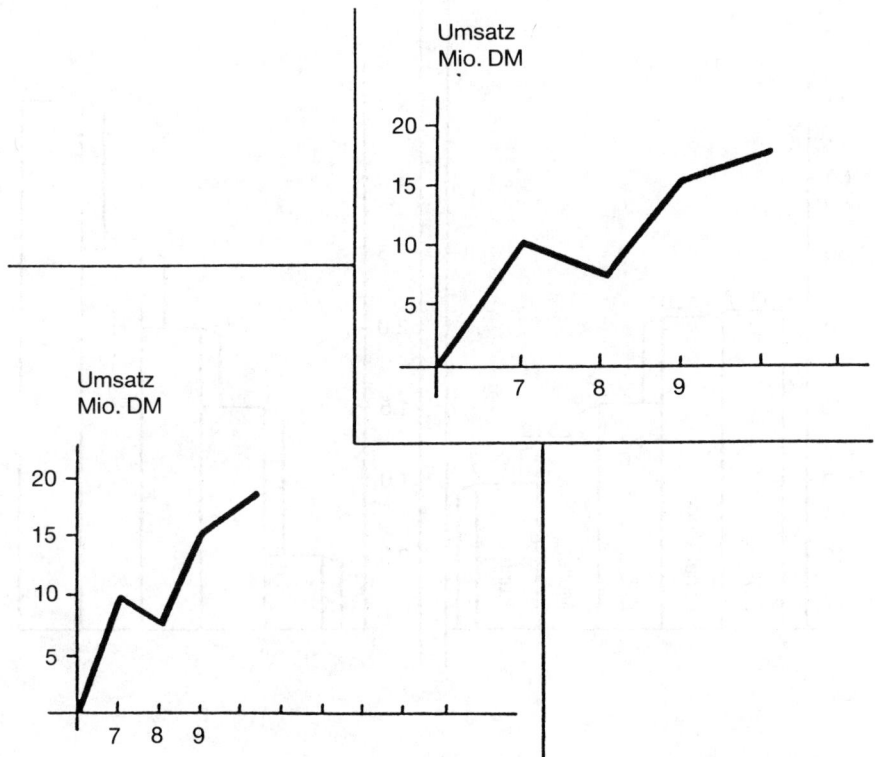

## 2. Stabdiagramm

Größenvergleiche können sehr anschaulich mit *Stabdiagrammen* dargestellt werden. Sie bieten die Möglichkeit, Informationen exakt vergleichbar zu machen.
Zur Darstellung verwendet man das Koordinatenkreuz. Die Zeitinformation wird – falls erforderlich – immer auf der Abszisse aufgetragen.

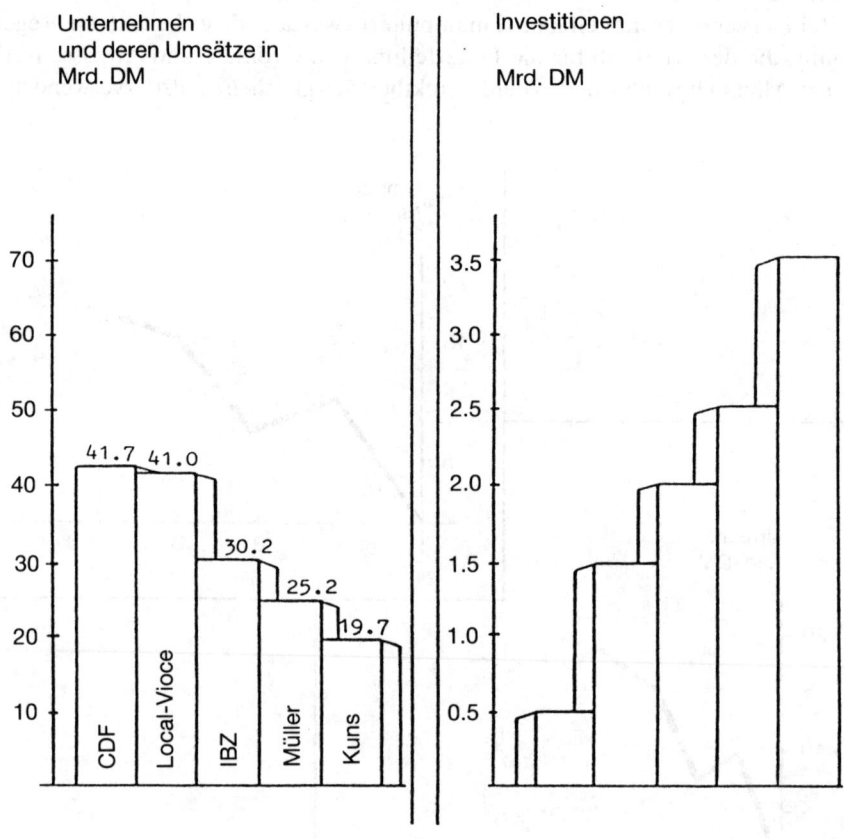

## 3. Balkendiagramm

Die Abhängigkeit von mehreren Bedingungen kann man durch *Balkendiagramme* gut darstellen. Man sollte nicht mehr als fünf Einflußgrößen visualisieren, da sonst die Übersichtlichkeit leidet.
Eine andere Möglichkeit, die Abhängigkeit von Aussagen darzustellen, bietet das Kurvendiagramm. Zur Steigerung der Behaltenssicherheit bei den Teilnehmern sind die wichtigen Teile farblich hervorzuheben.

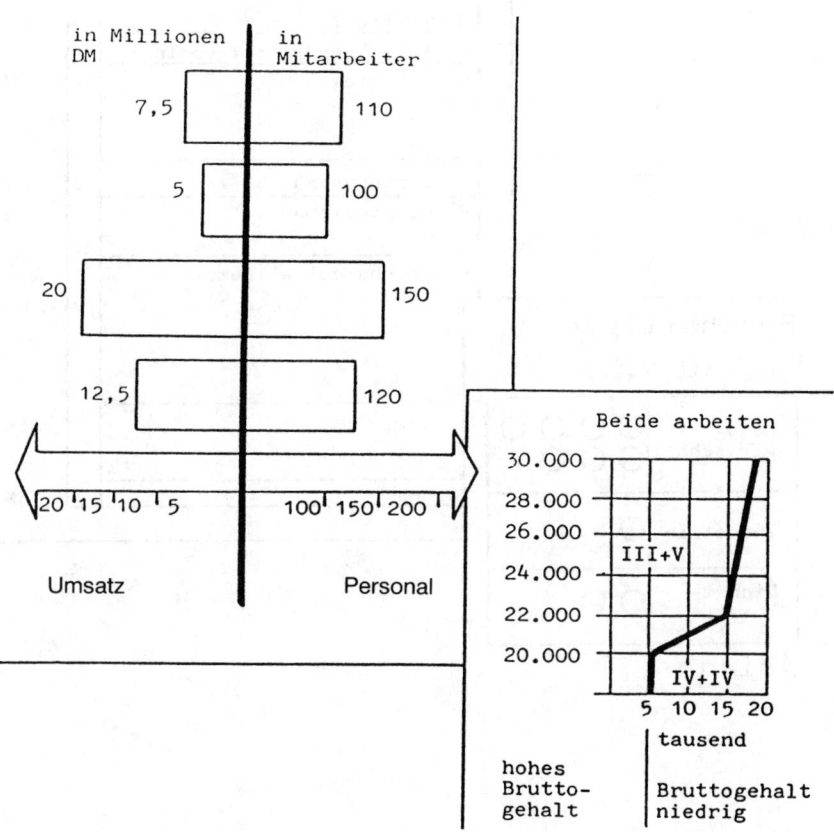

## 4. Flächendiagramm

Ein Flächenvergleich kann dann verwendet werden, wenn man Größenunterschiede nur ungefähr veranschaulichen möchte.

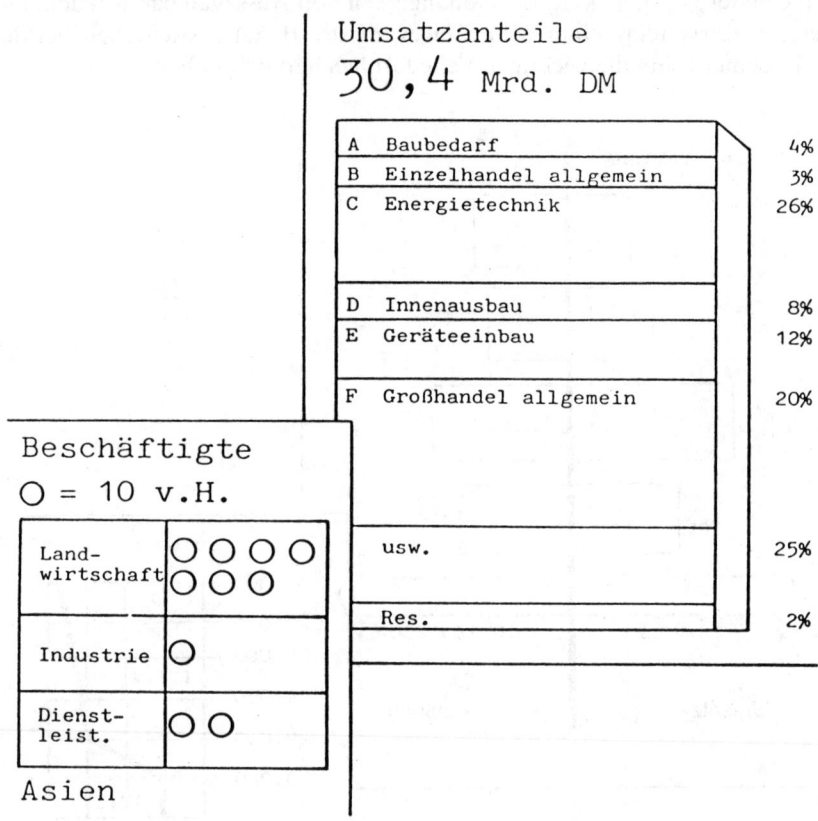

Umsatzanteile

**30,4** Mrd. DM

| | | |
|---|---|---|
| A | Baubedarf | 4% |
| B | Einzelhandel allgemein | 3% |
| C | Energietechnik | 26% |
| D | Innenausbau | 8% |
| E | Geräteeinbau | 12% |
| F | Großhandel allgemein | 20% |
| | usw. | 25% |
| | Res. | 2% |

Beschäftigte

O = 10 v.H.

| Land- wirtschaft | O O O O  O O O |
|---|---|
| Industrie | O |
| Dienst- leist. | O O |

Asien

# 5. Kreisdiagramm

Sollen unterschiedliche Aspekte eines bestimmten Merkmals dargestellt werden, verwendet man dazu das *Kreisdiagramm*.
Der Winkel bzw. der dazugehörige Kreissektor steht für die Anzahl oder Größe der Aussage.

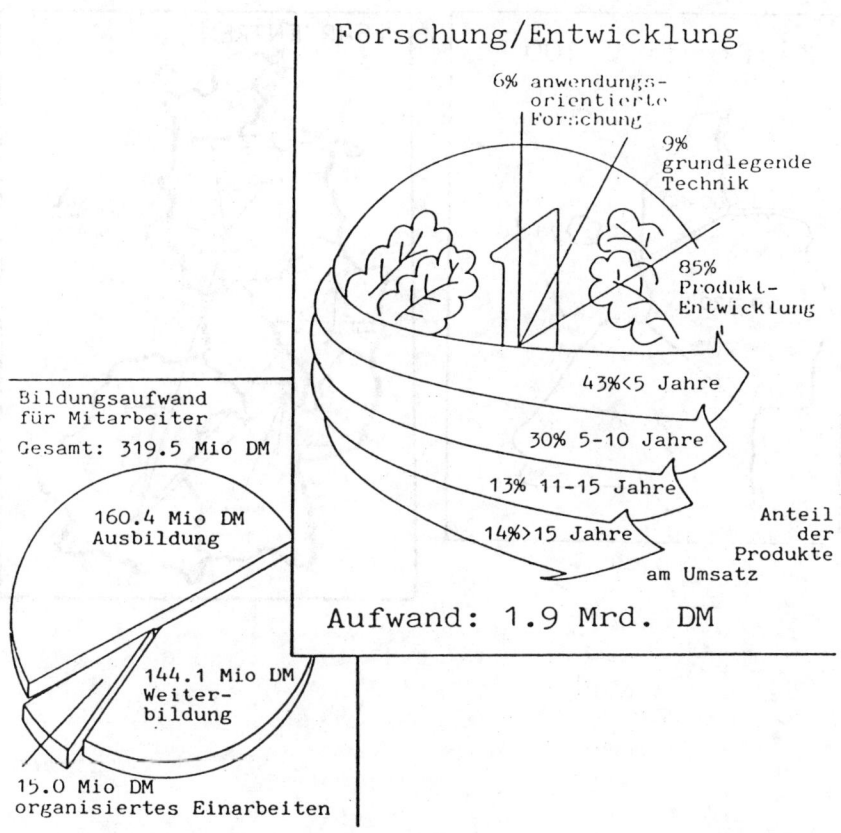

## 6. Kartogramm

Die geographische Verteilung eines oder mehrerer Merkmale wird in Form
einer Landkarte dargestellt.
Die Zuordnung von Niederlassungen zu einer Zentrale kann mit einem *Kartogramm* gut visualisiert werden.

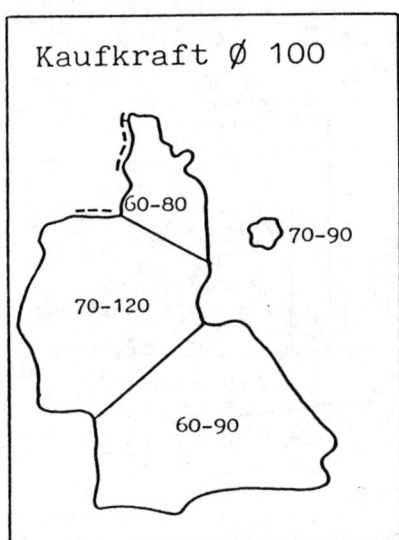

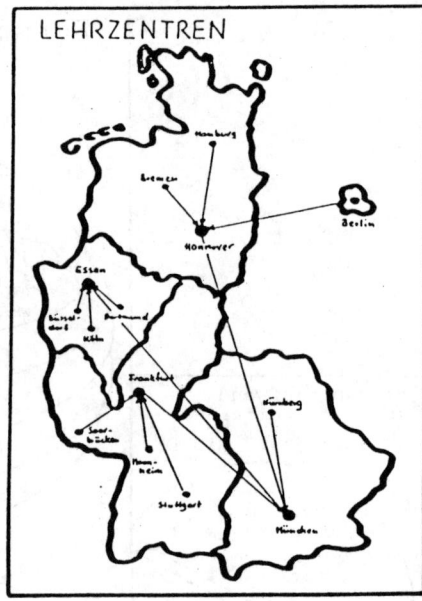

## 7. Ordnungssysteme

Die bekannteste Darstellung von vielen Argumenten ist die *Tabelle*. Sie bietet die Möglichkeit, bestimmte Informationen zu ordnen und übersichtlich darzustellen.
Zur Visualisierung von *Ablaufplänen* verwendet man gerne genormte Symbole. Der Vorteil dieser Darstellungsmöglichkeit liegt darin, daß die Teilnehmer die Bedeutung der Symbole kennen und richtig zuordnen können.

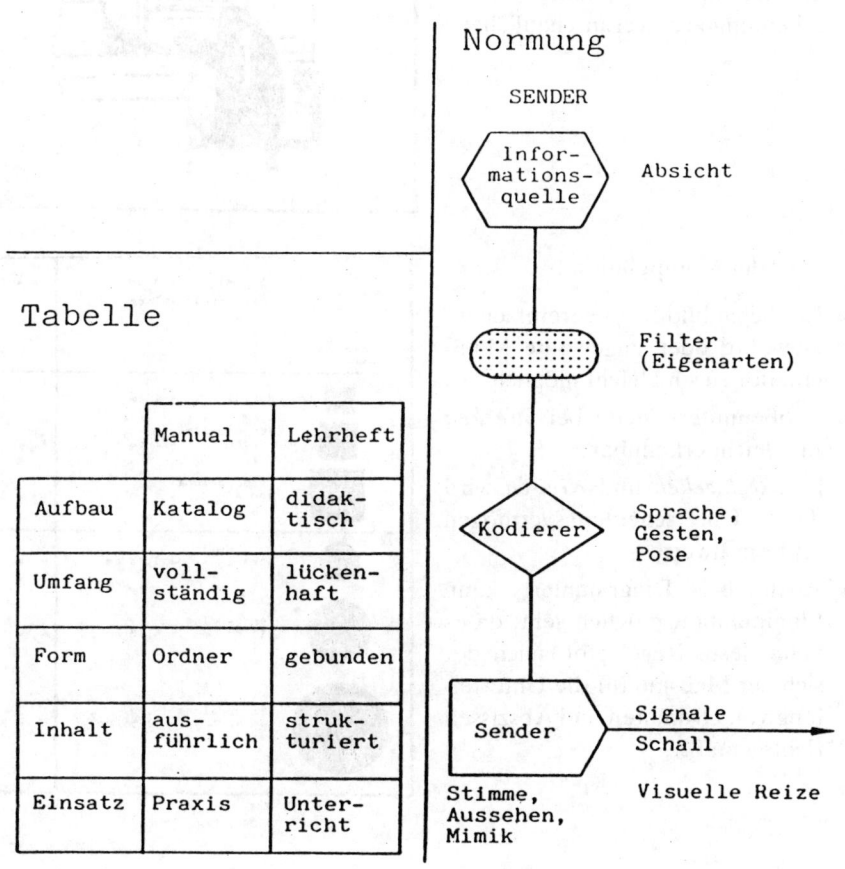

## 8. Schaubild

- *Schaubilder* geben durch Symbole einen Zahlenstoff wieder und
- dienen dazu, „Laien" statistische Ergebnisse zu veranschaulichen.
- Diagramme sind abstrakter als Schaubilder: sie dienen dem „Fachmann", um quantitative Erscheinungen zu veranschaulichen.

Gefahr der Manipulation !

- Ein Schaubild kann vereinfachen. Gewollte oder ungewollte Manipulationen sind leicht möglich.
- Größenunterschiede bei *Strecken* sind leicht erkennbar;
- bei *Rechtecken* und *Kreisen* wird das Unterscheidungsvermögen sehr erschwert.
- Auch bei Diagrammen kann Manipulation möglich sein, da es keine feste Regel gibt, nach der sich der Maßstab für die Unterteilung von Ordinaten und Abszissen richten muß.

| | | |
|---|---|---|
| Normal = 1 cm verdoppelt = 2 cm | | A = 1 |
| Normal = 1 cm$^2$ | | A = 1 |
| Verdoppelte Fläche = 2 cm$^2$ | | A = 1,41 |
| Verdoppelung von A = 4 cm$^2$ | | A = 2 |
| Normal = 3,14 cm$^2$ | | R = 1 |
| Verdoppelte Fläche = 6,28 cm$^2$ | | R = 1,41 |
| Verdoppelung von R = 12,56 cm$^2$ | | R = 2 |

# 9. Zusammenhänge darstellen

Die Darstellung von logischen Abläufen in Form von *Struktogrammen* macht den Zusammenhang einer Problemlösung für den Teilnehmer deutlich. Die Größe der Schritte ist dabei so zu wählen, daß sie für alle gut sichtbar sind. Durch Pfeile können zusammenhängende Informationen verschiedener Elemente gut sichtbar gemacht werden. Die Übersichtlichkeit leidet sehr schnell, wenn die Darstellung zu viele Pfeile enthält.

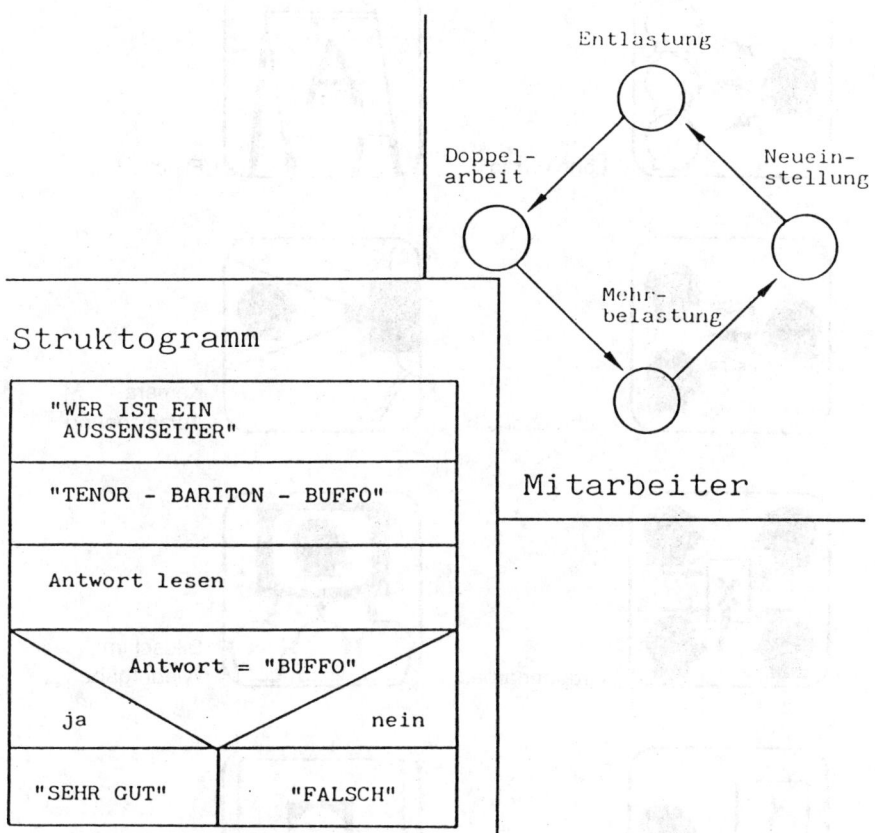

## 10. Piktogramm

Die *Piktogramm*darstellung versucht, eine bestimmte Information mit Hilfe
eines einfachen Symbols zu definieren.
Piktogramme sind als internationale Orientierungssysteme sehr verbreitet.
Man kann mit Piktogrammen auch Texte auflockern, um den Leser zusätzlich
zu informieren.

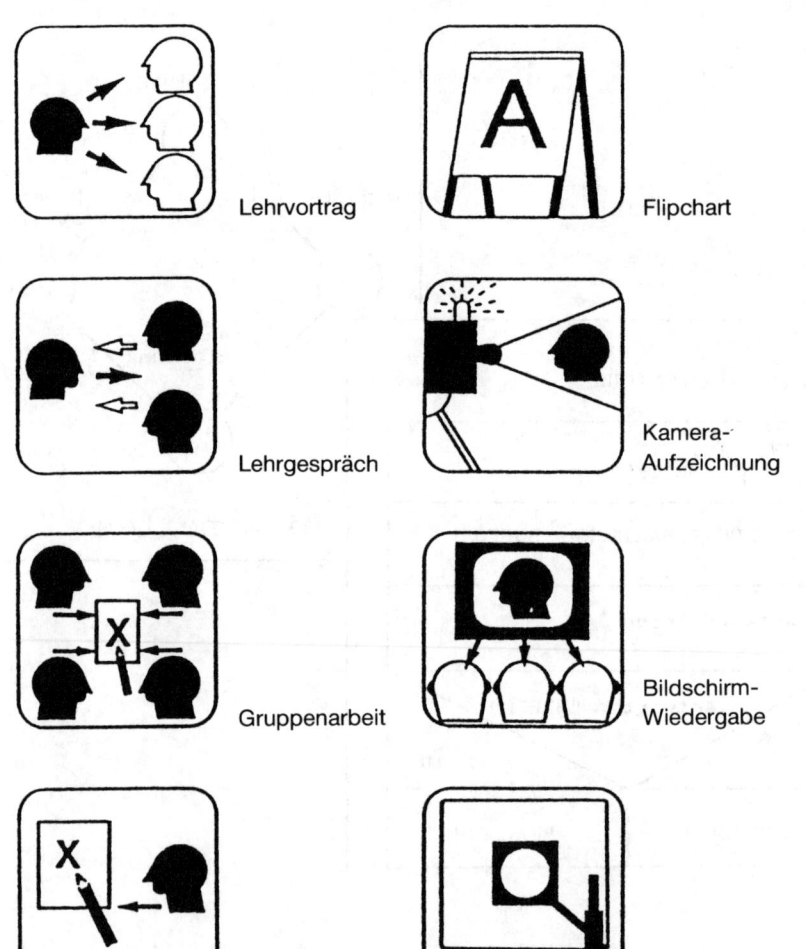

Lehrvortrag

Flipchart

Lehrgespräch

Kamera-
Aufzeichnung

Gruppenarbeit

Bildschirm-
Wiedergabe

Einzelarbeit

Arbeitsprojektor

# 11. Weitere Darstellungsmöglichkeiten

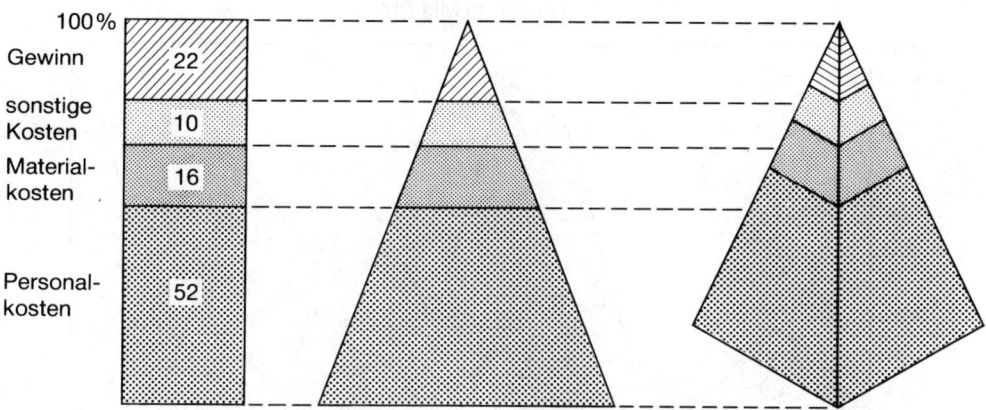

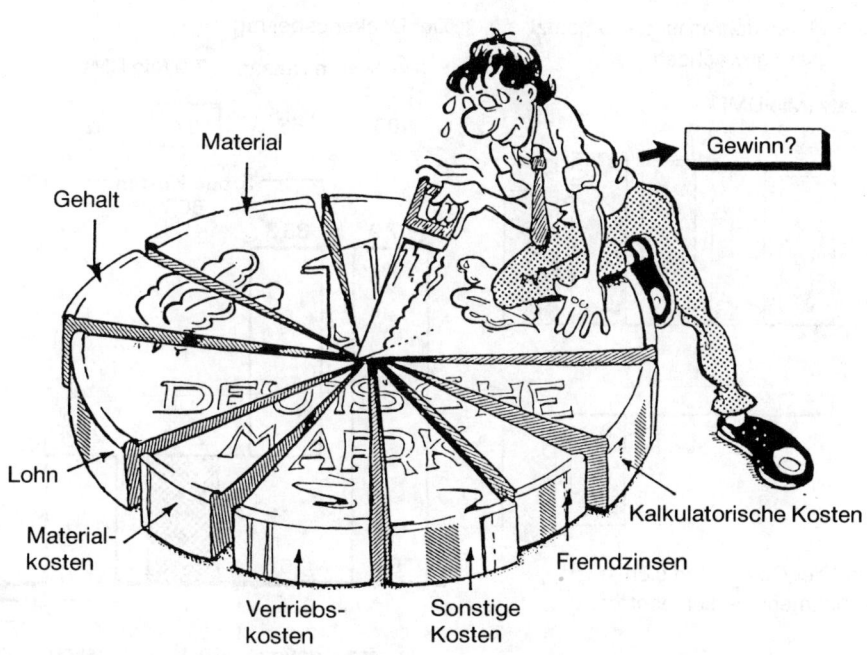

19.. war der Umsatz sehr schwankend ...

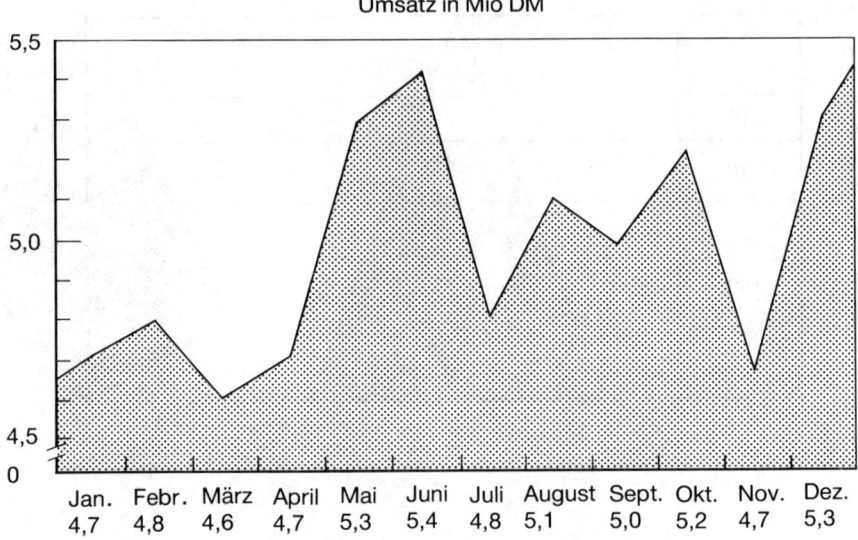

Umsatz in Mio DM

| Jan. | Febr. | März | April | Mai | Juni | Juli | August | Sept. | Okt. | Nov. | Dez. |
|------|-------|------|-------|-----|------|------|--------|-------|------|------|------|
| 4,7 | 4,8 | 4,6 | 4,7 | 5,3 | 5,4 | 4,8 | 5,1 | 5,0 | 5,2 | 4,7 | 5,3 |

In den letzten Jahren ist der Umsatz
nur langsam gewachsen ...

Umsatz (Mio DM)

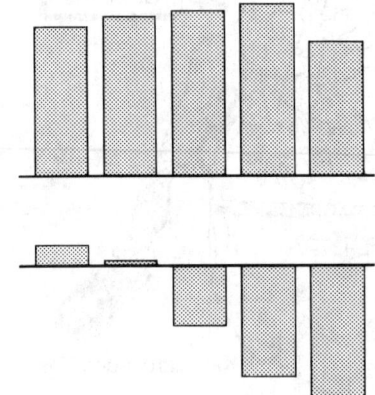

... und der Gewinn hat sich
zunehmend verschlechtert ...

Der Deckungsbeitrag

in % vom Umsatz (57,9 Mio DM)

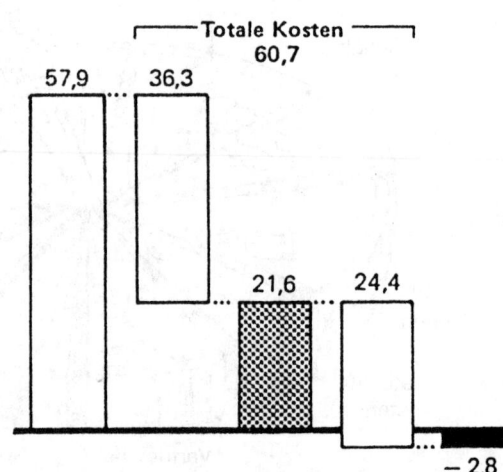

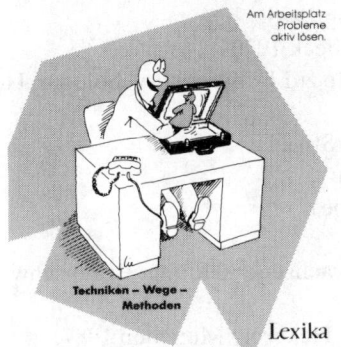

Günther H. Ruddies

# Verhaltens-Training im Beruf

Am Arbeitsplatz Probleme aktiv lösen

1989, 160 Seiten, kt., DM 32,–
ISBN 3-89293-096-1

Wer kennt sie nicht, die Situation: nach einer halbschlafenen Nacht findet das Frühstück mit Aussicht auf schlecht gelaunte Kollegen und Kolleginnen und vielleicht noch dem Gedanken an eine mögliche Kündigung den Weg in einen nervösen Magen nur schwer und das bevorstehende Arbeitspensum läßt auch noch die Hände feucht werden.

Anstoß für dieses Buch bildeten zahlreiche Beratungsgespräche, die der Autor als Psychologe mit Menschen führte, die unter solch berufsbedingten Ängsten litten. Druck von „oben", Konkurrenten, Kunden, Kollegen, knapper werdende Arbeitsplätze, zu hohe Anforderungen, sogar Neid und Eifersucht bilden die Ursache für somatische Störungen, Schlaflosigkeit, Angstzustände, Selbstzweifel und Minderwertigkeitsgefühle.

Mit zahlreichen Tests und Training will das Buch Hilfe leisten, um wieder zu einer positiven Einstellung zur beruflichen Tätigkeit zu gelangen, denn leistungsfähig und gesund kann nur sein, wer angstfrei arbeitet und nicht alles schluckt.

Nicht nur mit guten Ratschlägen, sondern praxisorientiert werden Techniken und Wege vermittelt, auf den Ärger zu pfeifen und Konflikte, Krisen und Sorgen leichter zu bewältigen. Und die Kollegen und Kolleginnen sind plötzlich doch nicht so unausstehlich, wie man gedacht hat...

Lexika Verlag
Barbara Rumpf
Hofangerstraße 27a   D-8000 München 83

# Literatur

Altmann, Hans-Christian: Überzeugungskraft durch sichere Rede-, Verhandlungs- und Konferenztechnik. Kissing 1978.

Berne, Eric: Spiele der Erwachsenen. Reinbeck 1970.

Bienert W./Crisand E. (Hrsg.): Arbeitshefte zur Führungspsychologie. Heidelberg 1987.

Heft 4: Motivation (Guntram und Rainer Stroebe)
Heft 5: Kommunikation I (Rainer Stroebe)
Heft 6: Kommunikation II (Rainer Stroebe)
Heft 15: Konflikttraining (Karl Berkel)

Brocher, Tobias: Gruppendynamik und Erwachsenenbildung. Braunschweig 1981.

Decker, Franz: Gruppen moderieren – eine Hexerei? München 1987.

Frankl, Viktor E.: Psychotherapie. Rundfunkvorträge über Seelenkunde. Freiburg 1986.

Gordon, Thomas: Manager-Konferenz. Hamburg 1979.

Harris, Thomas A.: Ich bin o.k., Du bist o.k. Reinbek 1975.

Leitner, Sebastian: So lernt man lernen. Angewandte Lernpsychologie – ein Weg zum Erfolg. Freiburg 1980.

Neuberger, Oswald: Miteinander arbeiten – miteinander reden. Hrsg. Bayer. Staatsministerium für Arbeit und Sozialordnung. München 1982.

Rationalisierungs-Kuratorium der Deutschen Wirtschaft (RKW): Visuelle Kommunikation. Eschborn 1982.

Rosenstiel, Lutz v.: Betriebsklima geht jeden an. Hrsg. Bayer. Staatsministerium für Arbeit und Sozialordnung. München 1983.

Sahm, August: Humanisierung der Arbeitswelt. Verhaltenstraining statt Verordnung. Freiburg 1976.

Sand, Hermann: Neue Methoden zum kreativen Denken und Arbeiten. Kissing, 1979.

Schulz v. Thun, Friedemann: Miteinander reden: Störungen und Klärungen. Psychologie der zwischenmenschlichen Kommunikation. Hamburg 1986.

Schwarzer, Eberhard: Menschenführung für Manager. München 1979.

Stollberg, Dietrich: Lernen, weil es Freude macht. Eine Einführung in die themenzentrierte Interaktion (TZI). München 1982.

Vester, Frederic: Denken, Lernen, Vergessen. Stuttgart 1987.

Weiß, Hans-Joachim: Prüfungsangst. München 1989.

Zander, Ernst: Organisationsentwicklung in der Praxis. Heidelberg 1981.

# Register

Abdecktechnik  92
Ablaufplan  54, 115
Affektives Lernen  11, 82
Aktives Zuhören  40
Angst  16ff.
Arbeitsprojektor  89f.
Assoziationsbrücke  15
Audiovisuell  87
Auditiv  87
Aufdecktechnik  92

Balkendiagramm  111
„Baustein"-Methode  62
Belastbarkeit  13, 50f.
Beziehungsebene  29
Blankfolie  91
Blickkontakt  35
Brainstorming  71ff.

Darstellungstechniken  107ff.
Demonstration  85
Diagramm  108ff.
Didaktik  84
„Du"-Botschaften  38

Einfachheit  30
Emotionalisierung  41
Erarbeitungstechnik  91
Erfolgskontrolle  20, 55, 84f.
Ergänzungsform  84

Fachkompetenz  41
Fachlernziel  26, 28
Fallstudie  78f.
Feinziel  82
Flächendiagramm  112
Flipchart  69, 87, 97, 99
Folien  89ff.
Fragetechnik  32ff.
Fremdbild  81

Gedächtnis → Kurzzeit-, Langzeit-,
  Ultrakurzzeit

Geschlossene Frage  32
Gliederung  31, 48
Grobziel  82
Gruppenarbeit  67ff.
Gute Fragen  33

Hafttafel  98
Handzettel  55ff.

„Ich"-Botschaften  38
Informationsmarkt  75

Kartenabfrage  99ff.
Kartogramm  114
Killerphrasen  74
Körperhaltung  35
Körpersprache  34f.
Kognitives Lernen  11, 82
Konfliktlösung  37f., 41ff.
Konfliktmacher  36
Korrekturform  85
Kreisdiagramm  113
Kurvendiagramm  109
Kurzzeitgedächtnis  14

Langzeitgedächtnis  14
Lehrgespräch  66
Lehrmittel  83
Leistungsangst  19
Leistungskurve  13
Leitziel  26, 82
Lernblockaden  16
lernen  11ff., → Affektives-;
  Kognitives-; Psychomotorisches-;
  Soziointegratives-
Lernsystem  25
Lerntechnik  21
Lerntyp  12, 83
Lernziele  24ff., 48, 50, 81
Lesetechnik  63ff.

Manuskriptaufbau  102
Medien  49, → visuelle -

Mehrkanalig   12
Metaplankarte   102
Metaplan-Technik   99ff.
Moderation   75f.
Moderator   76f., 99
Multiple-Choice-Verfahren   85

Nondirektiv   75
Nonverbal   30

Offene Frage   32
Overhead-Folie   90f. → Folien
Overhead-Projektor → Projektor

Piktogramm   118
Pinwand   87, 98f.
Planung   83ff.
Plenum   99
Prägnanz   31
Präsentation   107
Projektor   89, 90
Protokoll   73, 100
Prüfungsangst   19f.
Psychomotorisches Lernen   12, 82

Referat   61ff.
Richtig-Falsch-Form   85
Rollenspiel   80f.
Rollentausch   80

Sachebene   29
Selbstbild   81
Simplifizierung   42

Sitzordnung   69, 73f.
Skizzenform   85
Soziointegratives Lernen   12, 83
Suggestivfrage   32

Schaubild   116
Schlechte Fragen   33
Schlüsselqualifikation   26, 28
Schreibtechnik   63

Stabdiagramm   110
Stimulanz   31
Struktogramm   117
Stufenplan   53

Tageslicht-Projektor → Projektor
Tafel   87f.
Teilnehmerkreis   46f.

Überforderung   21
Übertreiben   42
Ultrakurzzeitgedächtnis   14
Unterlagen   49, 102ff.
Unterweisung   81ff.
Urfolie   91

Verallgemeinern   42
Vergessenskurve   52
Verständlichmacher   30
Vorbereitung   47ff.
Visuelle Medien   87, 104ff.

Zuhören   39f., → Aktives -

❋ *Interessiert?*

 Lexika

Lexika Verlag Barbara Rumpf
Hofangerstraße 27a
D-8000 München 83

*Clemens Heidack*
*(Hrsg.)*

**Kooperative
Selbstqualifikation –
die effektivste Form
der Aus- und Weiter-
bildung im Betrieb.**

*Mit aktuellen Beispielen aus der Praxis von Industrie,
High-Tech-Bereichen, Banken und Versicherungen,
zusammengetragen von kompetenten Autoren aus
dem In- und Ausland.*
*Herausgegeben von Prof. Dr. Clemens Heidack.*

*1988, 445 Seiten, kart., DM 76,–.  ISBN 3-89293-087-2*

# Lexika

Lexika Verlag Barbara Rumpf
Hofangerstraße 27a
D-8000 München 83

Günther H. Ruddies/Eugen Willi

## Denkzeichnen

Denken sichtbar machen –
Ein Ideen-Magazin
als Lehr- und Lernhilfe
1985, 169 Seiten, kt., DM 29,80
ISBN 3-89293-067-8

Um in einer Lehrveranstaltung Gedankengänge und Zusammenhänge einprägsam zu vermitteln, hat der Autor ein ganzes Arsenal von Visualisierungsmöglichkeiten entwickelt, die für alle Unterrichtsbereiche, aber auch für Vorträge, Verkaufsgespräche etc. einzusetzen sind.

Mit der Innenseite eines Streichholzmäppchens fing es an. Konnte der Student den Inhalt einer Vorlesung darauf zeichnerisch umsetzen, war sie für ihn gut. Heute, als Diplom-Psychologe, schätzen es seine Zuhörer, Gesprächspartner und Patienten, wenn er ihnen schwierige Sachverhalte zeichnerisch verständlich macht.

Das Buch bietet neben einer Einführung und ausführlichen Verwendungshinweisen ein Ideenmagazin von Visualisierungstypen beim Denkzeichnen. Zum Beispiel: Schaubild, Grafik, Schemazeichnung, Raster, Karikatur, Gesprächslandschaft, Symbole, Pictogramme. Zum Lehren und Lernen für Lehrer, Ausbilder, Weiterbildner, VHS-Dozenten, Referenten, Redner, Multiplikatoren, Studierende.

Dr. **Günther H. Ruddies,** Diplom-Psychologe, wohnt in Stuttgart und lehrt beim Pädagogisch-Theologischen Zentrum S-Birkach. Seine erfolgreichen psychologischen Sachbücher wurden in mehrere Sprachen übersetzt.

Der Schweizer Lehrer und Grafiker **Eugen Willi** lehrt an der Berufswahlschule in Basel. Durch zahlreiche Ausstellungen im In- und Ausland ist er auch als Künstler über die Grenzen seines Landes hinaus bekannt.

# Sind Sie „Vorgesetzter"?

## Hier einige Tips zu Problemlösungen:

Franz Decker
**Führen Jugendlicher im Betrieb**
Ein Handbuch für Führungskräfte,
Ausbilder und Personalchefs.
1985, 396 Seiten, geb. DM 68,–,
ISBN 3-89293-057-0

Jugend – ein Abschnitt des wechselnden Anpassens, Protestierens, Vergleichens, Gespaltenseins, in dem die jungen Menschen noch nicht den Pragmatismus der Erwachsenenwelt, das „vernünftige Handeln" übernommen haben, jedoch auch nicht die Suche nach Idealen und das „leidenschaftliche Handeln" aufgegeben haben. Der Verfasser stellt seine 15jährigen Erfahrungen im Umgang mit Auszubildenden, aber auch Ungelernten, mit Vorgesetzten und Ausbildern in diesem durch wissenschaftliche Reflexion abgesicherten, neuartigen „Führungskonzept für Jugendliche" zur Verfügung. Dieses auf die Praxis bezogene Handbuch bietet in jedem seiner Kapitel praktische Führungshilfen und zeitgemäße Führungsgrundsätze an.

Manfred Wallner
**Gefahren erkennen – sicher arbeiten**

*Bitte fordern Sie Prospekte an!*

Ein Leitfaden für Auszubildende aller Berufsgruppen. 1986, 90 Seiten, zweifarbig, mit zahlreichen Illustrationen von Wolfgang Wiebe, Taschenbuch, DM 14,80, ISBN 3-89293-026-0

Günther Beyer/Frederic Vester
**Mehr lernen und leisten ohne Streß**
Mit Einführung in das Streßgeschehen von Frederic Vester.
190 Seiten, kt., DM 29,80
ISBN 3-89293-062-7

Das Buch bietet erstmals eine *Übersicht erprobter Antistreßtechniken,* mit deren Hilfe Streß entweder vermieden oder dem Streß wirksam begegnet werden kann. Zu diesen Techniken gehören z. B. Persönlichkeitstraining, Gedächtnistraining, Suggestionstechniken, Lernen im Schlaf, Konzentrationstraining, Rhetorik, rationelles Lesen, autogenes Training und Intelligenztraining. *Nach diesem Lernprogramm kann sich der Leser sein individuelles Antistreßtraining zusammenstellen.* Der Autor bietet mit dem Buch einen Kurs, den weltbekannte Industriefirmen und Managementinstitute für Mitarbeiter einsetzen, den aber auch jeder selbst durchführen kann.

Günther H. Ruddies/Eugen Willi
**Denkzeichnen**
Denken sichtbar machen. Ein Ideen-Magazin als Lern- und Lehrhilfe.
1985, 169 Seiten, kt., DM 29,80
ISBN 3-89293-067-8

Frieder Lauxmann
**Unabhängig denken**
Von der Information zur
eigenen Meinung
182 Seiten, kt., DM 28,–
ISBN 3-89293-065-1

*Aus dem Inhalt:* Informationen – Mittel zur Beherrschung und Mittel zur Verständigung; Wir selbst bewerten die Informationen; Brücken über die Informationsflut; Wovon es abhängt, was wir aufnehmen; Denk- und Verknüpfungstechniken; Problem – Information – Entscheidung; Eigene Meinung: Luxus oder Notwendigkeit?

Franz Decker
**Gruppen moderieren – eine Hexerei?**
Die neue Team-Arbeit. Zur Entwicklung und Förderung von Kleingruppen. 1987, 167 Seiten, kt.,
DM 29,80, ISBN 3-89293-086-4.

**Lexika** Lexika Verlag
Barbara Rumpf
Hofangerstraße 27a   D-8000 München 83